LES FAITS & GESTES DE LA FAMILLE PAPILLON

Casterman
Cantersteen 47, boîte 4
1000 Bruxelles
Belgique

www.casterman.com

ISBN : 978-2-203-18096-3
N° d'édition : L.10EJDN002119.N001

Conception graphique de la couverture et de l'intérieur : Agence AllRight

Achevé d'imprimer en avril 2019, en Lettonie, par Leporello — PNB
Print SIA (Jansili Silakrogs, LV-2133-Ropazu novads).
Dépôt légal : mai 2019 ; D.2019/0053/104
Déposé au ministère de la Justice, Paris (loi n°49.956 du 16 juillet 1949
sur les publications destinées à la jeunesse).

LES FAITS & GESTES DE LA FAMILLE PAPILLON

TOME 1

Les exploits de grand-papy Robert

FLORENCE HINCKEL

casterman

Toutes les images présentes dans ce roman sont issues de la collection Jean-Marie Donat.

Collectionneur, archiviste et éditeur, celui-ci a minutieusement rassemblé depuis plus de trente années des centaines de milliers de photographies prises dans le monde entier. Ces images étonnantes, authentiques et anonymes, posent un regard singulier sur le XXᵉ siècle.

Les personnages et événements de ce récit sont fictionnels : les photographies ont inspiré les situations imaginées par l'autrice, mais elles n'ont pas pour vocation de mettre en scène les personnes réelles qui y figurent.

1

Autant le dire tout de suite, ma famille est un peu spéciale.

Mon arrière-grand-père Robert, par exemple ! Il a plus de quatre-vingts ans, mais il est resté bloqué dans les années 1940 – l'époque où il avait moins de dix-huit ans. Sa façon de s'habiller, de parler ou de vivre n'a presque pas changé, depuis. Lui faire utiliser un ordinateur, un téléphone portable ou un robot ménager dernier cri, cela relève de la science-fiction. Il déteste les photos en couleurs, qu'il trouve affreuses. Les films en trois dimensions ? « C'est contre nature », gronde-t-il de sa voix tonitruante. Mais à côté de ça, grand-papy Robert est l'homme le plus fantaisiste que je connaisse, et il considère le sérieux comme une grave faute de goût.

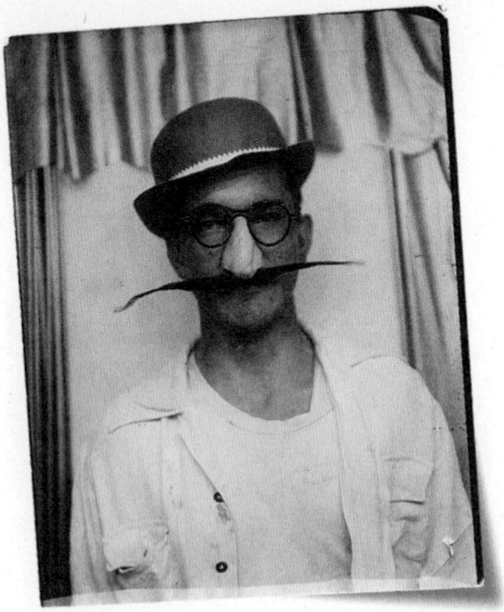

La seule et unique photo de grand-papy Robert
où il ne fait presque pas l'andouille.
En pleine fête, il venait d'apprendre la mort de son chat
Cabcallowé, écrasé par un poids lourd.
Il décréta une minute de silence, pendant laquelle fut prise cette photo. Après quoi, le swing reprit de plus belle.

Dans la famille Papillon, je demande la grand-mère ! Mamie Rose, une pétillante quasi-sexagénaire, est quant à elle restée coincée dans les années 1960 et 70. Elle a une belle collection de magazines de l'époque, qu'elle feuillette en gloussant de bonheur. Elle moud le café avec un moulin manuel. Elle adore faire du hula-hoop et elle est passionnée de télévision. Ses parents ont acheté leur premier poste en 1953, un an avant sa naissance. Ils vivaient alors en Grande-Bretagne, et là-bas les ventes de téléviseurs ont explosé rien que pour assister au couronnement de la reine Elizabeth II. Mamie en a tellement entendu parler que, parfois, elle se repasse l'enregistrement tout en buvant une tasse de thé *earl grey*. Le reste du temps, elle visionne des films ou des séries de son enfance en poussant des « oh ! » et des « ah ! » de ravissement. Quand j'étais petite, je les regardais avec elle. Mais ce que je préfère chez mamie, c'est son look. Quand elle ne porte pas de sages tenues du début des années 1960, elle s'habille comme Janis Joplin en plein festival hippie (certaines des photos de la chanteuse sont posées à côté des nôtres sur les étagères, comme si elle faisait partie de la famille).

Mamie Rose en plein jeu de mime, avec des copines. Elle imitait le coq de la ferme du voisin, en train de se pavaner (le coq, pas le voisin… Quoique, j'ai peut-être mal compris).

Mon père Domi, lui, plane dans les années 1980 et 1990. Il a dans les quarante ans, pourtant il collectionne encore les figurines bizarres, disposées sur les étagères du salon, comme un extraterrestre à grosse tête vêtu d'une robe de chambre, ou de drôles de monstres reptiliens à grandes oreilles. Il a même épinglé une affiche d'un antique épisode de *Star Wars* dans les toilettes, du temps où on disait *La Guerre des étoiles*. Il n'utilise qu'un vieux téléphone orange à cadran pour ses appels extérieurs, une machine à écrire électronique pour son courrier, et il ne se déplace jamais sans son Rubik's cube, qu'il manipule d'autant plus s'il est nerveux ou angoissé.

Mon père est entomologiste, c'est-à-dire biologiste spécialisé dans l'étude des insectes. Ce qui est drôle, c'est qu'il s'occupe entre autres des papillons. « Monsieur Papillon étudie les papillons », ça le fait, non ? Nous déménageons beaucoup parce qu'il aime étudier les espèces de différentes contrées, et il existe de nombreuses contrées sur terre.

Mon père Domi, tout bébé,
au moment précis où il décida qu'il préférait
les insectes aux mammifères.

Ça ne fait pas du bien à la décoration de la maison, toutes ces lubies. Entrer chez nous, c'est comme pénétrer dans une brocante où se mélangeraient toutes les époques du xxe siècle. Une grande horloge à balancier côtoie un juke-box qui côtoie un distributeur de chewing-gums qui côtoie un poste de radio à galène, etc. Et partout, dans chaque recoin et sur tous les murs, on trouve des photographies datant de la jeunesse de grand-papy Robert, de mamie Rose ou de mon père Domi. Je les connais par cœur.

Parfois, j'essaie de poser un objet ou d'afficher quelque chose au mur qui corresponde à ce que moi j'aime. Quelque chose qui serait un peu à la mode, quoi ! Mais ça ne loupe pas : chaque fois, l'un de mes aïeux maugrée en le voyant — « Qu'est-ce que c'est que cette horreur ? » — et le jette à la poubelle illico. J'ai comme ça dû récupérer dans la corbeille à papier trois affiches de films, une statuette de Peppa Pig (oui, bon, j'avais huit ans), un attrape-rêves, et même un lecteur MP3 que j'avais laiss étraîner sans faire exprès. La seule pièce que j'arrive à sauvegarder à peu près, c'est ma chambre, et encore... Plein d'objets me sont interdits. Par exemple, chez les Papillon, on ne jure que par les livres en papier, qui couvrent les murs du sol au plafond. Hors de question de faire entrer une tablette ou une liseuse à la maison ! C'est pour cette raison qu'à l'époque où commence cette histoire, je n'avais pas encore d'ordinateur ni de téléphone portable, contrairement à tous les enfants de mon âge. Et, j'avoue, ça me faisait enrager.

Ma famille compte aussi Fanfan, ma nourrice adorée. C'est elle qui m'a élevée, en lieu et place de ma mère, que je n'ai jamais connue.

Accessoirement, c'est elle qui prend les photos qui ponctuent les moments importants de nos vies... toujours en noir et blanc pour ne pas heurter la sensibilité de grand-papy Robert, mais aussi par goût. Elle trouve que c'est plus joli et profond. Elle possède un vieil appareil photo argentique de marque Leica qu'elle a déniché lors d'un voyage, lorsqu'elle était jeune...

Fanfan vénère cet appareil et le range consciencieusement dans une armoire fermée à double tour dans sa chambre, quand elle ne l'utilise pas, bien sûr. Cette même pièce sert de chambre noire lorsqu'elle se lance dans le développement. J'ai alors l'interdiction formelle d'y entrer, tant que la lampe rouge vacillante fixée sur la porte est allumée. Quand j'étais petite, j'étais certaine qu'il se passait là-dedans des choses magiques, avec incantations, poussière d'étoiles et tout le bazar.

Quoi d'autre que de la magie pouvait permettre à Fanfan d'entrer là avec un simple appareil photo, et d'en ressortir avec des dizaines d'images de toute la famille ?

Voici tout ce que je peux raconter sur cette famille si spéciale, la famille Papillon. Mais ce que je peux encore ajouter, c'est que j'étais très loin de me rendre compte à quel point elle l'était, spéciale... jusqu'au jour de mes treize ans.

La journée avait pourtant bien commencé, puisque je gagnais un an de plus.

Comme toute journée d'anniversaire qui se respecte, celle-ci débuta dans la joie et la bonne humeur. En toute logique, elle aurait dû se terminer de la même manière. Mais parfois, les choses ne se passent pas comme prévu. Et dans ma famille, il arrive assez souvent que les choses ne se passent pas comme prévu, en plus d'être assez spéciales.

Ce matin-là de juillet, je venais d'avoir treize ans, j'étais en train de flotter dans un rêve délicieux au fin fond de mes draps. Je rêvais que je possédais un téléphone portable exactement comme tout le monde, et que je pouvais surfer sur Internet partout où j'étais.

Le bonheur total ! Mais cette douce utopie éclata comme une bulle de savon quand je fus réveillée par ces mots :

La vie t'attend, ô mon Éva
Vers ton destin, là-bas, là-bas
La vie t'attend, te tend les bras
Cours, vole et marche, ô mon Éva
Vers ton destin et vers le bien
Mais loin du mal, sinon ne sors pas.

Grand-papy Robert, mamie Rose, mon père et Fanfan, en tenue de fête, tout autour de mon lit, fredonnaient ces paroles dans l'espoir de me réveiller en douceur. Mais mon arrière-grand-père étant un peu sourd d'oreille, ses murmures auraient pu réveiller un macchabée enseveli à six pieds sous terre.

Par tenue de fête, il faut entendre tenue extraordinaire. Pour mon arrière-grand-père, cela avait une signification très particulière : pas de chapeau extravagant, ni nez de clown, ni cravate bariolée, ni vêtement loufoque, contrairement à tous les autres jours. Même les poils de sa longue barbe blanche paraissaient sagement alignés les uns contre les autres.

— Debout, Éva ! s'exclama Rose en laissant éclater un rire tonitruant dont elle a le secret. Une journée exceptionnelle t'attend !

Rose ne mentait pas. Rose ne mentait jamais.

Mon père avait invité tous les voisins du quartier pour une fête immense, qui débuta par un grand repas, avec tous mes plats préférés. Cailles aux pruneaux, choux au chocolat, tartes aux framboises, cornichons à la vanille... Miam. Tout le monde mangeait, buvait, riait, racontait des blagues. L'ambiance devint très vite pétillante, extravagante, énorme ! La fête déborda dans le jardin, puis dans la rue, puis jusqu'au cœur de la ville.

Auguste était là aussi, bien entendu, puisqu'il était mon voisin, ainsi que mon meilleur ami. Il avait treize ans mais en paraissait moins, à cause de son dégoût pour le lait depuis sa naissance. Il paraît qu'il a failli mourir de faim quand il était bébé, pour la même raison. D'après lui, c'est pour ça qu'il n'est pas très grand. Lui, ses parents et son chien Tchouki habitaient la maison voisine de la mienne.

« Hé, ne faites pas trop de dégâts dans la maison, hein ! »
(Les anciens propriétaires)
Photo de 1850 déjà accrochée dans
le couloir à notre arrivée, trois ans auparavant.

En l'honneur de mes treize ans, tout ce joli monde, couvert de banderoles, de colifichets, de confettis, de langues de belle-mère, de cotillons, défila dans la ville en chantant et en dansant. Je fus portée à bout de bras, accompagnée de « Hourra ! », de « Youpi ! », de « Joyeux anniversaire ! », puis au fil des heures cela dérapa en « Joyeuses Pâques ! », « Oui à la peine de vie ! » et « À bas le président ! »...

Portés par la ferveur de cette fête immense, les invités eurent vite fait de célébrer des tas de choses qui n'avaient rien à voir avec mon anniversaire, ce qui me vexa un peu. Mais ni trop ni trop longtemps, puisque tout le monde s'amusait, et que c'était l'essentiel, après tout.

Tous les habitants du quartier firent le tour de la ville durant des heures, rejoints par toujours plus de monde, à qui on offrait de la limonade et des petits fours à volonté. La liesse s'amplifiait de minute en minute. Plus personne ne savait pourquoi il était là, ni pourquoi il n'était pas ailleurs, tout en reconnaissant bien vite qu'il se trouvait beaucoup mieux là qu'ailleurs.

Le défilé prit fin dans le parc, au milieu des balançoires, des tourniquets et des pousse-pousse. Beaucoup s'écroulèrent, certains s'endormirent, des ronflements s'élevèrent. Puis Tchouki hurla à la lune qui commençait à poindre, ce qui était le signe indubitable que la fête était finie. Tous et toutes s'éparpillèrent, épuisés et heureux, conscients d'avoir vécu des moments exceptionnels. Ils savaient faire la fête, chez les Papillon !...

Sur le chemin du retour, tout le monde s'accorda pour dire que c'était la plus belle fête qu'ils avaient jamais vue, malgré quelques débordements. Par exemple, le gang des trois fripons, qui ne cessait de sévir depuis une bonne cinquantaine d'années dans tout le quartier, en avait profité pour jeter des bombes à eau sur la tête de leurs épouses, qui avaient moyennement apprécié. Autre débordement parmi des centaines et des centaines : notre professeure-documentaliste, qui habitait à trois pâtés de maisons, perdit toute crédibilité en imitant un lampadaire allumé en plein jour.

Auguste rentra chez lui, ma famille aussi, Fanfan prit encore quelques photos, puis je ne tardai pas à rejoindre mon lit, exactement où j'étais au début de ce chapitre, ou bien de cette journée, ce qui revient au même. Mon père vint m'embrasser. Il me souhaita une dernière fois un très, mais alors très joyeux anniversaire. Il me répéta combien il était fier de moi. J'aurais dû remarquer son air grave, mais j'étais encore étourdie par cette incroyable journée.

Il se dirigea vers la porte, puis déclara en tenant la poignée :

— Désormais, tu as treize ans, Éva, et tout change quand on a treize ans dans la famille Papillon. Nous t'expliquerons. En attendant, la seule chose que tu dois savoir, c'est que tu ne dois plus quitter cette maison. Plus jamais. Tu t'y feras, tu verras.

Avant même que ces mots ne trouvent une signification dans ma tête, mon père était sorti de ma chambre et avait fermé la porte. Le son de la clé tournée dans la serrure me glaça le sang.

— « Mais loin du mal, sinon ne sors pas », entendis-je fredonner dans la chambre de mamie Rose.

2

« J'y suis, c'est une blague ! »

Ça devait être une espèce de rituel dans la famille, que chacun et chacune subit à l'âge de treize ans. On nous fait hyper peur, mais ensuite tout le monde rigole bien et la vie continue comme avant, dans la joie et la bonne humeur. Je bondis sur mes pieds et me jetai sur la porte, sûre qu'elle serait ouverte. Mais je restai collée à la poignée sans que le battant ne bouge d'un millimètre.

– C'est bon, vous m'avez bien eue ! Mais maintenant, vous pouvez m'ouvrir, non ?

Pas de réponse.

– OUVREZ-MOI !

Toujours rien. Je tambourinai en criant toujours plus fort. J'appelai papa, Robert, Rose, Fanfan. Silence. Pendant plus d'une heure, je tapai, criai, implorai. L'inquiétude m'envahit peu à peu. Il était peut-être arrivé quelque chose à ma famille, qui l'empêchait de me libérer ?

Je me précipitai vers la fenêtre. Celle-ci n'était pas fermée, et je pus humer le bon air frais d'une nuit de juillet tout en évaluant la situation. Il suffisait de se hisser sur le rebord de la fenêtre, d'enjamber la rambarde puis de s'y agripper avant de sauter sur le balcon d'en dessous. Ensuite, de renouveler l'opération pour atterrir devant le perron. Un jeu d'enfant !... Enfin, en théorie. Parce qu'en pratique, je n'étais pas assez grande. Je compris vite qu'une fois suspendue dans le vide, je me serais écrabouillée comme une crêpe sur le balcon.

Je me penchai vers la maison d'Auguste, si proche de la nôtre qu'il nous arrivait souvent de nous parler de fenêtre à fenêtre. Sa chambre était allumée, mais les rideaux étaient tirés. Il ne pouvait pas me voir.

— Hé ho ! appelai-je plusieurs fois.

Sans succès. À cette heure-là, surtout après une aussi grosse fête, tout le monde était au fin fond de son lit, écrasé de fatigue et d'étourdissement.

Je pensai alors à un autre genre de fenêtres... Celles qui s'ouvraient sur un ordinateur ou un téléphone auraient aussi pu m'aider à m'enfuir. Si seulement je vivais dans une famille normale, il y en aurait eu dans ma chambre ! De toute façon, les familles normales n'enferment pas leurs enfants le jour de leurs treize ans.

— Maman... m'entendis-je implorer.

L'inquiétude s'était transformée en une vraie grande détresse. Pour m'empêcher de pleurer, je me dépêchai de sortir l'album photos qui se trouvait sous mon lit. Un bel album bleu marine à la couverture matelassée, bordée d'un liseré doré. Il ne contenait que des photographies de ma mère, que mon père m'avait données. Les regarder me faisait du bien, parce qu'elles me rappelaient que ma mère avait bien existé, mais elles me faisaient du mal, aussi... puisqu'on ne l'y voyait pas.

Ma mère est dans cette voiture, à l'arrière. Elle a quatre ans.

Ma mère, lors de l'anniversaire
d'une de ses copines organisé
en extérieur (elle a longtemps vécu
aux États-Unis).

*Ma mère, vingt ans, derrière le gorille,
fait la courte échelle à Fanfan.*

Lorsque je demandais à mon père pourquoi on ne voyait jamais le visage de ma mère sur ces photos, il se contentait de hausser les épaules. Mamie Rose, grand-papy Robert et Fanfan avaient la même réponse, ce qui ne les empêchait pas de commenter pour moi chaque photographie avec tendresse, quand ils en connaissaient l'histoire. C'était Fanfan qui en savait le plus, car ma mère et elle avaient été amies.

« Des *Best Friends Forever*, comme vous dites aujourd'hui », ajoutait-elle en souriant.

— Maman, répétai-je doucement.

Mais bien sûr, cela ne servit à rien.

Il paraît que la nuit porte conseil. Mais à moi, la nuit ne m'a jamais apporté rien d'autre que du sommeil, des rêves délicieux et une difficulté à trouver mon chemin dans le noir. Je me réveillai sans idée géniale, mais avec mon arrière-grand-père Robert assis sur mon lit.

— Grand-papy ! Il ne t'est rien arrivé !

— Mais bien sûr que non, quelle idée !

— Alors pourquoi tu ne m'as pas libérée ?

Il était toujours en tenue de fête, c'est-à-dire plus sobre et discret que jamais. Tout portait à croire qu'il ne s'était pas couché. Seule sa longue barbe blanche avait fini par se révolter au cours de la nuit. Ses poils s'entortillaient pour former des boucles et des arabesques, paraissant avoir une vie propre.

Photo rare et historique
de grand-papy Robert, le seul jour de sa vie
où il se vêtit avec sobriété.

Forde
15 Waterloo Place
Sunderland.

Il se triturait les doigts d'un air embarrassé.

— C'était une blague, pas vrai ? m'exclamai-je encore en me pressant contre lui et sa bonne barbe moelleuse. Je peux sortir, maintenant ?

Il prit ma main, qu'il serra bien fort.

— En tant que doyen, commença-t-il le plus doucement possible, j'ai été désigné pour tout t'expliquer. Laisse-moi te raconter une histoire pour que tu comprennes bien. C'était en... 1945, il me semble, oui oui, je crois, et...

— Tu crois que c'est le moment de me raconter ta vie ? Pitié ! Dis-moi plutôt si je peux enfin...

— Ttt, ttt, ttt, regarde cette photo.

Il sortit une image de l'une de ses poches.

— Ça, c'est moi en 1933. J'avais un an et, comme tu le vois, mon père me portait déjà très haut dans son estime.

— Je veux juste sortir, moi !

— Papa et maman, tes arrière-arrière-grands-parents, étaient des personnes admirables. J'étais leur seul enfant.

— Dis-moi ce qui se passe !

— Mes parents travaillaient tous les deux dans un orphelinat. Ma mère en tant qu'éducatrice et mon père en tant qu'infirmier. Ils avaient tout le temps envie d'adopter des orphelins, mais notre mode de vie nous

en empêchait. Les multiples déménagements auxquels nous étions forcés ne leur auraient pas offert la stabilité dont ils avaient besoin.

— Mais grand-papy... !

Je sautai hors du lit pour, une fois de plus, essayer d'ouvrir la porte. Rien à faire.

— Nous ne pouvions jamais rester longtemps au même endroit... à cause du pouvoir de notre famille, poursuivit grand-papy.

— Quoi ? Quel pouvoir ? Mais de quoi tu parles ?

Je fis jouer la poignée de la porte plusieurs fois, très vite. Ça ne servait à rien.

— Arrête de gigoter comme ça, tu me donnes le mal de mer ! A-t-on jamais vu jeune fille aussi agitée ?

— Je t'en prie, ouvre-moi !

— Je ne peux pas. C'est Rose qui a fermé derrière moi. Elle vient me chercher dans une heure.

— Et dans une heure, je pourrai sortir ?

— Nous verrons, Éva.

Un espoir s'alluma comme un feu dans ma poitrine. Je devais peut-être passer cette épreuve, écouter l'histoire de mon arrière-grand-père sans m'impatienter, et ensuite tout serait fini. Je retournai sur mon lit et enlaçai grand-papy en soupirant.

— D'accord, d'accord. Vas-y, raconte-moi ce que tu dois me raconter.

— Seulement si tu cesses de m'interrompre tout le temps !

Je lâchai Robert et me laissai tomber sur mon oreiller, mais j'écoutais quand même. De toute façon, il était difficile de faire autrement : les murmures de grand-papy faisaient trembler les murs.

3

— Le 8 mai 1945, j'eus treize ans, tout comme toi aujourd'hui. La capitulation de l'Allemagne, annonçant la fin de la guerre, tomba précisément le jour de mon anniversaire. Ce fut comme si le monde entier poussait un soupir de soulagement, avant que la joie n'éclate dans les pays alliés.

À l'époque, je vivais à Berkeley Heights, dans le New Jersey. Mes parents avaient décidé d'y emménager dès qu'ils avaient senti que l'Europe allait basculer dans la guerre. Pour m'en protéger. « C'est toi, la priorité », me répétaient-ils sans cesse.

Quelques jours après mon anniversaire et la fête immense à laquelle j'eus droit comme le veut la tradition, je reçus un drôle de courrier. Le timbre et le cachet de la poste indiquaient qu'il venait de France. C'était la première fois qu'un courrier arrivait à mon nom. J'en éprouvai une fierté démesurée. J'ouvris l'enveloppe chiffonnée, impressionné qu'elle ait pu traverser l'océan, et découvris une photo. Juste une photo.

Et derrière cette photo, un nom : Stanislas Meunier. En bas à droite, un numéro : 13.

Je ne connaissais personne de ce nom-là, et la femme et l'enfant sur la photo ne me disaient rien non plus. J'allai demander à mes parents, qui hochèrent la tête d'un air navré : ils n'en savaient pas davantage. Intrigué, je punaisai le cliché sur le revers de la porte de mon armoire, puis je retournai à ma vie de gamin de treize ans. Cette existence était remplie de lectures, d'études, et d'un intérêt poussé pour le jazz et le swing. J'adorais Cab Calloway et spécialement sa chanson « *Zaz Zuh Zaz* ». On disait que la grande mode des zazous, en France, venait de là, « zazou za » ! Pour leur ressembler, je me promenais constamment avec un nœud papillon et un parapluie fermé, quel que soit le temps, ce qui était le comble du chic chez les zazous.

Un jour de pluie, je revenais d'une promenade en ville, le corps et les vêtements trempés ainsi que mes godillots maculés de boue – puisque ouvrir mon parapluie eût été un crime de lèse-zazou –, quand ma mère m'accueillit en agitant une nouvelle enveloppe.

— Tu as encore du courrier, mon petit Robert. Le facteur vient de me l'apporter.

Elle ne me fit aucune remarque sur mon état. C'était le charme de mes parents, qui avaient décidé de m'accepter tel que j'étais, peu importent mes lubies. Voire ils les encourageaient. « Quel que soit le chemin que tu choisisses, tu feras de grandes choses », répétaient-ils depuis ma naissance. Ils m'avaient appris quelques jours auparavant le pouvoir dont je venais d'hériter, ce qui m'expliquait mieux cette confiance totale qu'ils avaient toujours eue en moi.

Ma mère se contenta de me tendre l'enveloppe en fronçant légèrement les sourcils devant les gouttes qui tombaient sur le sol, puis alla me préparer une tisane au miel. Je me séchai les mains, m'installai à la table en bois du salon, le plus près possible de la cheminée, puis retournai l'enveloppe dans tous les sens. Même timbre que la précédente et même cachet provenant de France. Je l'ouvris.

C'était une autre photographie.

Et derrière, encore un nom : Serge Roux.
Et encore un numéro en bas à droite : 83.

Je n'étais pas au bout de mes surprises. Les jours suivants, j'en reçus une autre, puis encore une autre, et encore une.

Au verso :
Jean-Pierre Rohman. 26.

Au verso :
Émile Sandoz. 01.

Au verso :
Michel Blumberg. 75.

Cela ne s'arrêta pas là. Je fus inondé de photographies. Il en arrivait tous les jours. Et jamais aucune explication. Juste un nom inscrit au dos, et un numéro. C'était un tel mystère ! Pourquoi m'envoyait-on à moi toutes ces photos, avec tous ces noms ? J'en reçus une bonne centaine.

Je décidai de mener l'enquête. Je devais retrouver ces gens et découvrir pourquoi je recevais ces photos d'eux. Cela m'excitait d'autant plus qu'elles venaient de France. La France, le pays où j'étais né, et le pays des zazous !

Aujourd'hui, il suffirait dans un pareil cas de taper le nom sur Internet et d'éplucher les résultats. À l'époque, retrouver quelqu'un n'était pas une mince affaire. Sans connaître le lieu de résidence, c'était tout simplement impossible.

– Si c'est en France, m'expliqua mon père, ce numéro est certainement celui du département. Et si par chance la personne que tu recherches possède le téléphone chez elle, elle sera dans le bottin.

– Le quoi ?

– C'est comme cela qu'on appelle l'annuaire téléphonique, en France.

– Et on ne trouve pas ce bottin ici ?

– Eh non, mon grand.

Nous avions des amis qui auraient pu nous l'envoyer. Mais cela aurait pris beaucoup de temps, et la patience ne faisait pas partie de mes qualités, certes nombreuses par ailleurs. Nous ne roulions pas sur l'or, si bien que je n'osai pas demander à mes parents si un voyage était possible. Je me contentai d'observer les photos, de les disposer de telle ou telle façon pour tenter d'en percer le secret, de les scruter face à une lumière vive au cas où un message apparaîtrait en transparence. Je ne leur trouvai qu'un point commun : un photographe très mauvais en cadrage avait pris son ombre en même temps que son sujet sur chaque photographie... Mais ce qui me sauta soudain aux yeux, c'était qu'il s'agissait toujours de la même silhouette. Donc du même photographe.

Mis à part cela, je ne trouvai rien et n'étais pas plus avancé. J'étais dépité. Je ne sortais plus. Même exhiber mon parapluie fermé et mon nœud papillon en ville ne m'amusait plus. Ces photos allaient-elles rester muettes ? Une semaine plus tard, mon père me dit :

— Suis-moi, j'ai quelque chose à te montrer.

Il me mena dans la remise. Il y avait là une accumulation de caisses et de cartons que nous n'avions pas pris la peine de déballer depuis que nous avions emménagé, parce que cette maison était plus petite que la précédente. Mon père s'attaqua à la montagne de caisses, me faisant passer chacune pour que je les dépose à côté... jusqu'à ce qu'il pousse un cri de victoire.

— La voilà ! s'exclama-t-il en me tendant une mallette en bois ouvragé, toute poussiéreuse. Je la gardais pour une occasion comme celle-ci.

— Quelle occasion ? demandai-je.

— Ouvre-la.

Je soulevai le couvercle avec précaution, tant cette mallette me semblait précieuse. Et à l'intérieur, je découvris...

— Un trognon de pomme ?

Mon père ouvrit de grands yeux avant de les poser sur le contenu de la mallette.

— Un trognon de po... Mais non, ça n'a aucun intérêt !

Il prit la queue du trognon tout noir, fripé et en état avancé de décomposition, pour le balancer à l'extérieur de la remise.

— La dernière fois que j'ai ouvert cette mallette, je mangeais une pomme, je me souviens maintenant, c'était l'été et... Mais, hum, mon petit Robert, il y a un double-fond.

— Oh, dis-je en essayant de faire basculer le fond d'un côté ou de l'autre.

Je finis par y parvenir en tirant sur une languette.

Une liasse de billets de banque se trouvaient là.

Mon père était fier comme Artaban.

— Ça fait une jolie somme, non ?

— Mais papa... Ces billets sont... très vieux. Je ne suis pas sûr que...

— Justement ! Ce sont des pièces de collection. Je suis certain qu'on peut en retirer assez pour nous payer le trajet à tous les deux. Nous allons en France, gamin !

J'adorais mon père, mais lui, c'était le sens des réalités qui faisait défaut à ses qualités. Il s'avéra, comme je le craignais, que les billets ne valaient pas un kopeck. Mon père n'était jamais à court de solutions et il s'arrangea autrement, en vendant des meubles et des bijoux de famille. Je me récriai, mais il intima mon silence d'un geste solennel :

— Fiston, tout cela c'est du matériel et rien que du matériel...

— Mais les bijoux ? Ce sont des souvenirs de famille !

— Je les ai juste mis au clou, ne t'inquiète pas. Je compte bien les récupérer dès que j'aurai une rentrée d'argent.

« Mettre au clou » un objet signifiait le déposer chez un prêteur sur gages contre une somme d'argent. Si au bout d'une année on n'arrivait pas à rembourser cette somme, l'objet appartenait au prêteur.

— En attendant, j'ai posé mes vacances, alors partons ! s'exclama mon père. On ne peut laisser cette énigme sans solution. Ce serait une faute morale de ne pas chercher à savoir qui t'a envoyé ces photos, et pourquoi il l'a fait.

Je ne me récriai pas longtemps, je l'avoue, tellement j'étais heureux. Voilà comment mon père et moi nous sommes retrouvés en partance pour la France, laissant ma mère à Berkeley Heights, puisque nous n'avions pas assez d'argent pour trois billets de bateau.

La première photo envoyée portait le numéro des Bouches-du-Rhône, aussi, dès notre arrivée au Havre, nous prîmes le premier train en direction du sud. Une fois enfin arrivés à Aix-en-Provence, nous entrâmes dans le bureau de poste du centre-ville pour y consulter le fameux bottin. Une quinzaine de personnes portaient le nom de Meunier, mais deux seulement avaient pour prénom Stanislas. L'une habitait Marseille et l'autre Martigues.

— Eh bien, soupira mon père, notre périple est loin d'être terminé.

Nous repartîmes pour Marseille, cette fois par la route, en autocar. Et nous cherchâmes la rue indiquée par le bottin, en bordure du quartier populaire du Panier. Ce quartier avait été entièrement dynamité par les Allemands en 1943 car il abritait des résistants, et c'était désormais un champ de ruines désolant... Le cœur serré, nous sonnâmes chez monsieur Stanislas Meunier, dans ce quartier fantôme où les rats couraient en toute liberté. La maison, isolée en bout d'une rue épargnée, donnait l'impression d'être une courageuse résistante, quoiqu'un peu branlante. Une femme nous ouvrit la porte. Mon cœur bondit : je la reconnus immédiatement. Je lui tendis la photo sans rien dire.

— Oh, mais c'est moi avec mon fils Marcel ! C'est incroyable… Comment avez-vous eu cette photographie ?

Éberluée, elle nous fit entrer dans son humble demeure, et nous lui expliquâmes tout devant une tasse de café. Ou plutôt de jus de chaussette, jugea mon père plus tard.

— Je me souviens bien de l'homme qui nous a pris en photo, c'était il y a quelques mois, nous raconta la jeune femme avec un accent chantant du Sud. Il était discret, peu bavard, et semblait dissimuler un lourd secret. Il s'était installé à l'hôtel tout proche d'ici et passait son temps au bistrot juste en face du parc pour enfants où je mène Marcel chaque jour. Il avait toujours avec lui un bel appareil photo, et il photographiait souvent ceci ou cela. Aussi, quand il a voulu nous prendre, Marcel et moi, cela ne m'a pas surprise et j'ai accepté volontiers. Ce qui m'a davantage étonnée, ça a été quand il m'a posé des questions sur Stanislas, mon défunt mari, tué par les nazis. Paix à son âme. Mes réponses lui mirent les larmes aux yeux. Il paraissait si triste… Je n'ai jamais su le nom de cet homme. Il a disparu du jour au lendemain, comme il était arrivé.

Elle n'avait rien d'autre à ajouter sur cette photo et son photographe. Son fils Marcel la rejoignit, se jeta dans ses jupons, et je vis à ses vêtements rapiécés qu'en plus de la peine d'avoir perdu un mari et un père, ils souffraient d'une grande pauvreté.

— Je peux garder la photo ? demanda-t-elle. On en a si peu de nous. Et puis c'est si incroyable de la récupérer de cette manière !

Nous la quittâmes alors qu'elle était encore médusée par cet incroyable événement.

— Au moins, nous n'avons pas à nous rendre à Martigues, me dit mon père, le sourire aux lèvres.

Son optimisme résistait à tout.

Nous nous rendîmes aux quatre coins de la France pour retrouver les autres sujets des photographies. Souvent, ce ne fut pas si facile, notamment pour les Roux : nous dûmes en visiter cinq avant de tomber sur le bon ! Mais une fois au bon endroit, on nous racontait toujours une histoire similaire : un homme mystérieux venu de nulle part, qui les avait pris en photo sans se soucier du cadrage, avait demandé des nouvelles d'un de leurs proches disparu, et s'était ensuite évaporé.

— Le mystère reste entier, mon garçon ! s'exclama mon père devant son omelette salade, le jour où nous avions retrouvé la dernière personne. Mais au moins, c'était un magnifique voyage.

Il est vrai que c'étaient les plus beaux jours de ma courte vie, jusque-là. Ils me permirent de me rapprocher de mon père... mais aussi de visiter les boîtes de jazz françaises, remplies de zazous ! La dernière escale, ce fut Paris, et je pus enfin découvrir l'ambiance des caves de Saint-Germain-des-Prés, celles-là même où Boris Vian frayait et jouait de la trompette. Le Caveau des Lorientais était particulièrement magique. La première cave à zazous, disait-on. L'ambiance y était joyeuse, électrique, tout à fait swing ! Je me sentais totalement dans mon élément et regrettai de n'avoir que treize ans. Je ne pouvais ni boire ni rester toute la nuit, tout juste jeter un œil durant une petite demi-heure. Quelle frustration ! Mais quelle demi-heure sensationnelle, aussi...

Hélas, il fallut rentrer rapidement, car l'argent commençait à manquer.

Nous reprîmes le transatlantique, puis nous regagnâmes Berkeley Heights à la fois heureux et tristes de n'avoir pas résolu l'énigme de ces photographies. Je gardai cependant en mémoire l'image de ces personnes (et de ce chien) que j'avais vues en vrai, comme si elles avaient émergé d'elles-mêmes des photographies pour s'animer devant moi. Rien que pour cela, ce voyage avait valu le coup.

Mais un jour, quelques mois plus tard, ma mère me tendit une nouvelle enveloppe.

— Tu as reçu ceci, mon petit Robert.

Cette fois, il s'agissait d'une lettre, sans photographie...

Cher Robert Papillon,

Je m'appelle Alfred Vanbild. J'ai connu votre père pendant la Première Guerre mondiale. Nous avions à peine dix-huit ans, lui et moi. Il avait été blessé, moi aussi, et même si j'étais un prisonnier allemand, on nous avait placés côte à côte sur des lits de fortune dans un dispensaire. Lui délirait, fiévreux, et c'est dans cet état qu'il se mit à raconter une drôle d'histoire sur sa famille : dès l'âge de treize ans, l'aîné des Papillon aurait le pouvoir de provoquer des événements bénéfiques pour l'humanité... Quand je lui demandai des précisions le lendemain, il m'assura que ce n'était rien d'autre que des délires sans queue ni tête, mais dans son regard... Je ne sais pas, il y a des gens qui ne savent pas mentir, et votre père en faisait partie !

J'oubliai tout cela, poursuivis ma captivité, m'échappai, rejoignis mes troupes, et à la fin de la guerre je retournai en Allemagne où, dès 1933, je tombai sous la fascination d'un certain Adolf Hitler. Il me semblait proposer les meilleures solutions pour notre nation et je m'engageai vite dans le national-socialisme. Je sais ce que vous pensez, Robert Papillon, jugez-moi si vous le voulez, mais poursuivez votre lecture...

La guerre advint et, en 1942, je fus envoyé à la tête d'un camp d'extermination. Là, enfin, je vis en actes et en horreur ce que provoquait la politique du

Führer. J'ignore pourquoi j'étais si aveugle jusque-là sur ce qu'était réellement le nazisme... Mais je me croyais coincé et, pendant de trop longs mois, je dus prendre des décisions terrifiantes. Et, oui, j'envoyai à la mort un certain Stanislas Meunier, puis Serge Roux, puis Jean-Pierre Rohman, puis Michel Blumberg, puis Émile Sandoz, et encore tant et tant d'autres. Je finis par déserter, fou de culpabilité et pétri d'horreur. Je vécus le reste de la guerre en misérable, en me cachant ici ou là, le plus souvent terré comme un rat. Mais je gardai en tête le nom de ces pauvres gars, et de ces pauvres femmes, et de ces pauvres enfants ; je les retrouvai dans mes cauchemars, chaque nuit. Je savais que je ne pourrais plus jamais avoir un sommeil serein, et que ma conscience pèserait plusieurs tonnes jusqu'à la fin de mes jours.

Et puis un jour, je repensai à cette histoire folle de ce vieux Papillon. Je fis des recherches, je vous retrouvai, et j'attendis patiemment que vous ayez treize ans, jeune homme. Puis je vous envoyai ces photos. Le cadrage est loin d'être parfait, mais je me fichais de faire de belles photos. Je craignais, si je vous expliquais tout, que vous ne vouliez pas rendre service à un sale nazi comme moi. Pourquoi auriez-vous fait quoi que ce soit pour décharger la conscience d'un salopard ? Alors, je n'ajoutai aucun mot aux photos envoyées et je mis en œuvre de quoi vous surveiller discrètement. Ainsi, je sus que vous aviez retrouvé et étiez allé voir toutes les veuves, tous les veufs, tous les enfants et même tous les animaux de compagnie de ces pauvres victimes, paix à leurs âmes. Si cette histoire invraisemblable de pouvoir bénéfique est vraie, peut-être qu'en agissant ainsi, vous aurez provoqué dans leurs vies une bascule vers des événements positifs. Peut-être que ces veuves, ces veufs et ces orphelins connaîtront enfin le bonheur, après un tel malheur.

Le plus incroyable, c'est que je commence à y croire...

Pour tout vous dire, j'ai quelques raisons d'y croire. Depuis votre départ, madame Meunier s'est décidée à jouer à la loterie nationale. Elle avait dit juste avant au boulanger : « Si une photo prise par un inconnu m'a été rapportée par un autre inconnu plusieurs mois plus tard, alors tout est possible, croyez-moi ! » Et voici comment elle a gagné le gros lot.

« Si cette photo m'est revenue, alors moi, je peux déplacer des montagnes », a déclaré quant à elle madame Roux à l'épicier, avant de décider d'entamer des études de vétérinaire, un rêve qu'elle avait depuis toujours. Même si les femmes n'étaient pas les bienvenues, elle y est parvenue, en se grimant en homme ! C'est ainsi qu'elle a réussi à sauver son chien, atteint de piroplasmose.

Madame Rohman, impressionnée par cette photographie qui traversa les océans deux fois avant de lui revenir, a enfin réalisé son rêve de voyages. Je crois bien qu'elle se trouve actuellement aux Indes.

Quant à la veuve de Michel Blumberg, elle a enfin eu le courage, après votre passage, de monter le studio de photographie dont ils avaient toujours rêvé, son mari et elle. « Je dois le faire pour notre fils, que nous avions adopté juste avant l'arrestation de mon mari », se répétait-elle après votre passage en caressant la photo que vous lui aviez laissée. Les studios Blumberg et fils de Montmartre sont célèbres à présent.

Je n'ai pas encore de nouvelles des autres familles, mais autant vous dire que je suis très optimiste à leur sujet.

Tout cela me console un peu, cher Robert Papillon. Ma conscience s'est un tout petit peu allégée, et je vous en remercie.

Pour vous témoigner ma gratitude, vous trouverez dans ce pli toute ma fortune, que vous méritez mieux que moi. Je sais qu'elle sera bien employée.

Bien cordialement,

Alfred Vanbild

Voilà pourquoi je peux dire, ma petite Éva, que c'est grâce à moi que des veufs, des veuves, des orphelins, et même quelques animaux réussirent à retrouver un sens à leur vie après la guerre.

4

Grand-papy Robert avait bombé la poitrine pour raconter la chute de son histoire, et les filaments de sa barbe paraissaient s'enrouler de fierté les uns sur les autres. J'étais impressionnée... mais assez perplexe, aussi. Est-ce que tout ça était vrai ?

— Attends, t'as bien dit : « le pouvoir de provoquer des événements bénéfiques pour l'humanité » ?

— Comment crois-tu que j'aie pu améliorer la vie de tous ces gens ? Simplement parce que j'avais du sang Papillon dans les veines, et parce que je venais d'avoir treize ans.

— C'est quoi, ce délire ?

— Un délire ? Mesure tes propos, jeune fille, je ne suis pas encore gâteux. C'est pourtant simple : dans la famille Papillon, dès que l'aîné de la famille a treize ans, il a le pouvoir aussi puissant qu'involontaire de provoquer toutes sortes d'événements qui contribuent au bien de l'humanité. Ce pouvoir s'arrête dès qu'on donne naissance à son premier enfant.

— Tu veux dire que...

— Eh oui, toi aussi tu as ce pouvoir-là. Enfin, normalement.

— Mais alors... si c'est vrai de vrai... Alors pourquoi vous m'enfermez ? Moi aussi, je veux contribuer au bien de l'humanité !

— Hélas, les choses ne sont pas si simples, Éva. Tu dois savoir que...

La clé tourna dans la serrure pile à cet instant. Enfin j'allais pouvoir sortir ! Je me ruai vers la porte mais mon père m'intercepta, me prit dans ses bras, me serra fort, piqua un baiser sur ma joue et me glissa à l'oreille :

— Pardon, ma chérie.

Son air encore plus embarrassé que la veille me cloua sur place. J'eus le temps de voir Fanfan et mamie Rose dans le couloir. Mamie triturait nerveusement son mouchoir et Fanfan avait une main sur sa bouche. Papa et grand-papy les rejoignirent. « Clac », fit la porte, avant que je puisse dire ouf. Je me retrouvai seule et bien seule au milieu de ma chambre aux murs recouverts de livres silencieux. Maintenant, j'en étais certaine, tout ceci n'était pas une blague. On m'enfermait pour de bon. Et sans m'expliquer pourquoi !

Je trépignai, criai, tapai contre la porte, contre les murs, sans effet. Je finis par me rendormir, furieuse et triste.

Quand j'ouvris un œil un peu plus tard, je vis qu'un plateau avec mon petit-déjeuner avait été déposé à la va-vite sur le sol, devant la porte. Pour la première fois de ma vie, la délicieuse odeur du chocolat chaud et d'un bon croissant me ficha le bourdon... Mais pas longtemps. Je n'allais quand même pas me laisser faire ! Je tambourinai de nouveau en criant :

— Ouvrez-moi ! Mais pourquoi vous m'enfermez ? Et combien de temps ça va durer ?

Au bout d'un moment, la voix de grand-papy retentit derrière la porte :

— Je te raconterai une autre histoire ce soir. En attendant, lis, étudie, rêve, médite et... Heu, fais de la gymnastique !

— Je n'ai même pas le droit à une télé, ou un ordinateur, ou un téléphone ?

— Peut-être qu'une télé serait possible, on va y réfléchir, ma chérie, répondit mamie. Passe une bonne journée !

— Une bonne journée ? Enfermée ici ? C'est une blague ?

Personne ne répondit. J'entendis Robert renifler et les pas de mes aïeux s'éloigner, puis descendre les escaliers. Le pire, c'était qu'au dehors un magnifique soleil brillait. Et moi, j'étais prisonnière, comme si j'avais commis un crime. Je n'avais rien fait ! Je transportai le plateau sur mon lit, croquai dans le croissant et bus mon chocolat pour m'aider à réfléchir, puis j'enfilai un short, un tee-shirt, des tennis, et enfin je courus à la fenêtre.

Cette fois, celle d'Auguste était ouverte, sans rideaux ni volets qui l'obstruaient.

— Auguste !

Je ne criai pas trop fort pour ne pas alerter mon père, ni Rose, ni Fanfan. Robert m'inquiétait moins : même à un mètre, il ne m'entendait que si je haussais la voix.

— Auguste ! Tu es là ? Je t'en prie, réponds-moi !

J'appelai ainsi pendant dix bonnes minutes, sans résultat, quand soudain je vis mon ami sortir dans l'allée de son jardin, flanqué de Tchouki. Il était trop loin pour m'entendre, et je ne voyais pas quel objet lui envoyer pour l'avertir de ma présence. Je ne pouvais pas balancer un livre, ça l'aurait trop abîmé. Je ne pouvais pas non plus envoyer une lampe ou l'une de mes poupées de quand j'étais petite. Je tenais trop à tous les objets de ma chambre. Ah, j'étais bien une Papillon ! Alors je me mis simplement à prier silencieusement pour qu'Auguste se retourne, lève la tête et me voie.

Le miracle se produisit. Juste avant d'atteindre le portail, il stoppa ses pas, tourna la tête, leva les yeux et... me vit enfin !

Mon cœur sauta de joie dans ma poitrine, au rythme des aboiements de Tchouki. Brave chien !

Je m'apprêtais à faire de grands gestes pour expliquer ma situation à Auguste, mais je le vis rougir – oui, même de là où j'étais, je vis clairement la peau de son visage changer de couleur –, puis baisser la tête et s'enfuir. Tchouki n'eut pas d'autre choix que de le suivre. J'en tombai sur les fesses de déception.

J'errai dans ma chambre. Les portraits dans les cadres posés sur les étagères paraissaient m'appeler avec des « Psst ! », des « Approche-toi », comme s'ils avaient quelque chose à me dire.

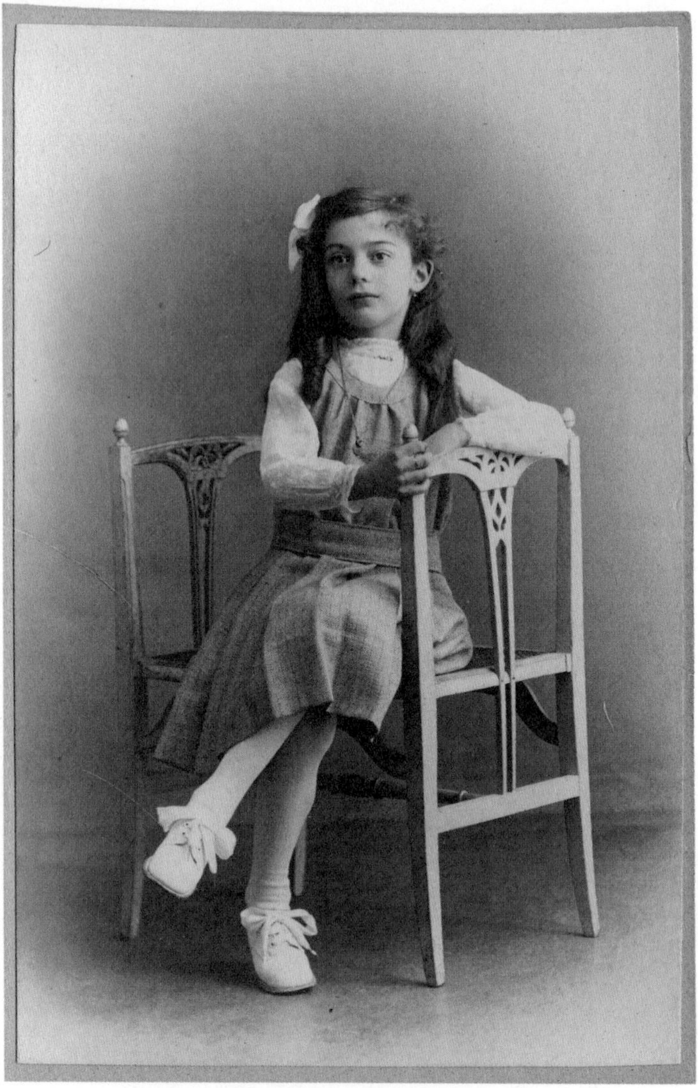

« Allons, allons, ma petite Éva, tu ne vas pas
te laisser abattre ! Un peu d'énergie et de jugeote,
que diable ! » (Mon arrière-arrière-grand-mère,
la maman de mon grand-papy Robert)

« Hé, si j'ai réussi à devenir
la petite reine adorée de la famille,
c'est pas pour qu'on te traite comme ça, maintenant ! »
(Mon moi de quatre ans)

« Elle a raison, la petite. Tu dois te battre,
sinon tu ne réussiras jamais à rien dans la vie ! »
(Elizabeth II, reine d'Angleterre)

— Mais vous êtes drôles, toutes, je fais comment, moi, pour me sauver d'ici ?

J'eus soudain une illumination : quand on ne peut pas s'échapper par en bas, il faut s'échapper par en haut. Mais oui… c'était ça la solution !

Tout d'abord, je disposai un polochon sous mes draps. On pourrait croire comme ça que j'étais au lit, en train de dormir.

Puis je courus de nouveau à la fenêtre. Je bloquai l'un des volets avec une chaise et un tabouret. Je grimpai sur la chaise, puis sur le montant du volet. Juchée là, je pus m'agripper au toit et me hisser par la seule force de mes bras sur le pan le moins incliné. Je balançai ma jambe droite qui trouva appui sur une gouttière et, hop, j'y étais !

Je n'avais pas tellement le vertige, il n'empêche que mon cœur battait aussi vite qu'une cavalcade de rhinocéros effrayés. Je dus inspirer et expirer longuement pour chasser ma peur. Je réussis à me calmer suffisamment pour réfléchir à la suite des opérations. Je rampais avec précaution en direction de la maison d'Auguste quand – enfin ! – il apparut à la fenêtre et me regarda avec des yeux ronds.

— Tu es rentré ? demandai-je bêtement.

Un chat me grimpa dessus, puis sauta sur la cheminée.

— Heu... Oui... j'étais juste allé chercher du pain à la boulangerie d'à côté.

Un pigeon se posa sur ma tête puis s'envola.

— Hum, et... tu vas bien depuis hier ?

Soudain je crus entendre mon arrière-arrière-grand-mère, sur cette photo punaisée sur la porte des toilettes du premier étage :

« Tu es sûre que tu n'aurais pas dû utiliser un autre moyen d'évasion, Éva ? »
(Mon arrière-arrière-grand-mère)

— Ça va, répondit Auguste. Tout le monde ne parle que de la fête d'hier, en ville. Et toi, comment tu vas ?

— Eh bien, disons que ça pourrait aller mieux si... par exemple, je ne sais pas moi, si tu me jetais une corde ou bien si tu me tendais une échelle... Enfin, tu vois l'idée ?

— Oh ! Bien sûr. Ne bouge surtout pas, ne bouge pas un seul orteil. J'arrive tout de suite.

Auguste apparut au bout d'une minute, muni d'une échelle en bois. Pendant ce temps, Tchouki arriva pour me regarder avec autant de curiosité que si j'étais un chiot volant, avant d'aboyer d'inquiétude.

— Chut, tais-toi, tu vas me faire repérer !

Le brave chien sembla comprendre et transforma ses aboiements en couinements qui signifiaient : « Mais enfin, Éva, en toute objectivité, ce que tu es en train de faire est tout à fait déraisonnable. » (Je devinais chacune des pensées de Tchouki, le chien le plus expressif que j'aie jamais connu.)

La fenêtre d'Auguste était distante de deux mètres de l'extrémité du toit, et l'échelle était assez grande pour en disposer chaque bout sur le chambranle de l'une et la rive de l'autre. Je glissai doucement pour l'atteindre puis je progressai de barreau en barreau. En dessous, c'était le vide, enfin c'était surtout le muret qui séparait nos deux jardins, suffisamment loin pour que je me fasse super mal si je m'écrabouillais dessus. Mais ouf, j'atteignis enfin la fenêtre d'Auguste. Il saisit mes poignets dès qu'il le put en les serrant très fort, de peur que je tombe.

— C'est bon, tu peux me lâcher, je suis dans ta chambre, là !

— Oh. Pardon.

Ses joues redevinrent couleur ketchup. Tchouki, lui, me léchait les mains de soulagement. Auguste tituba et se jeta sur son lit.

— Qu'est-ce qui t'arrive ? demandai-je.

— Éva... Tu... Tu as failli mourir au moins mille fois en l'espace de quelques minutes !

— Pas tant que ça, quand même. Une centaine de fois, peut-être, c'est tout...

— Mais pourquoi t'étais sur ce toit ? Tu as décidé de bouder les portes, ou quoi ?

— Je vais tout t'expliquer, mais d'abord, laisse-moi utiliser ton ordinateur !

Il acquiesça et alluma l'ordinateur posé sur son bureau. J'ouvris le moteur de recherche et tapotai : « don familial ». Rien d'intéressant. « Pouvoir familial ». Non plus. Je tentai : « famille qui provoque des événements bénéfiques ». Toujours rien. « Famille Papillon ». Vide abyssal. Auguste me regardait faire sans rien dire, incapable de comprendre. Tchouki avait posé sa tête sur mes genoux et je faillis l'assommer contre le bureau en me levant comme un ressort.

— Je dois aller à la médiathèque ! Tu viens avec moi ?

Auguste acquiesça d'un air curieux, Tchouki secoua la queue en haletant (« Je vous accompagne, ô mes amis ! »), et mon cœur se remplit d'un coup. Nous traversâmes la maison déserte, comme souvent, puisque les parents d'Auguste travaillaient du matin tôt jusque tard le soir. Sur le chemin, je racontai tout à Auguste, qui n'en revenait pas.

— Au fait, ajoutai-je, pourquoi as-tu tourné la tête quand tu m'as vue, quand tu étais dans l'allée ?

Et hop, c'était comme si je lui avais lancé un pot de peinture rouge en plein visage. Décidément, il devait être fiévreux. Un début de grippe, peut-être ?

— J'ai été surpris et... heu... je ne voulais pas que tu croies que... enfin, que... que je regarde ta chambre chaque fois que je sors ou que je rentre chez moi...

— Et pourquoi je croirais ça ? Tu n'as vraiment pas à t'inquiéter. Voilà la médiathèque !

La médiathèque de notre petite ville était la plus grande du département. C'était un bâtiment aux immenses verrières, très lumineux, très agréable, mais qui manquait un peu d'âme.

— Par où on commence ? me chuchota Auguste alors que les portes coulissantes se fermaient derrière nous.

Tchouki, lui, nous attendait tranquillement sur le perron, les oreilles baissées (« Ne tardez pas trop, je déteste rester seul »).

— Je ne sais pas... Je dois trouver l'histoire de ma famille. Ce que m'en a raconté grand-papy Robert me paraît tout à fait invraisemblable. Mais s'il dit vrai, et que ce « pouvoir » dure depuis des siècles, alors il existe forcément un ouvrage qui en fait mention. Enfin, je suppose.

— « Pouvoir » ? Vous avez bien dit « pouvoir » ?

Je sursautai. Une silhouette haute se penchait sur nous, et nous scrutait d'un regard lointain derrière une succession de verres de lunettes. Je reconnus la bibliothécaire, une grande femme sans âge, invariablement vêtue de longues jupes démodées en laine l'hiver et en coton l'été, coiffée d'un chignon strict et affublée de lunettes à quintuple foyer. Son allure de vieille fille dissimulait un esprit aussi vif qu'un feu follet. Elle était incollable sur tous les livres de sa médiathèque.

— Vous avez une section « pouvoir » ? demandai-je.

— « Pouvoir » comme « possibilité d'arriver à quelque chose » ? Ou « pouvoir » comme… « pouvoir » ?

— Heu… Eh bien, « pouvoir » comme… comme « pouvoir », je crois.

— Pouvoir individuel, accidentel, extra-terrestre, par piqûre d'insecte, familial… ?

— Familial, c'est bien ça ! Vous avez des livres qui correspondent à ça ?

— Pas du tout. Nous n'en avons aucun.

— Oh… fit Auguste.

— Tant pis, dis-je. Pardon de vous avoir dérangée, madame.

Nous étions déjà devant les portes coulissantes, quand elle reprit :

— Mais je sais à qui vous pouvez demander de l'aide. La professeure-documentaliste du collège, madame Feuillette, est spécialisée dans ce domaine. Elle m'en a souvent parlé et m'a fait promettre d'orienter vers elle quiconque me poserait des questions à ce sujet. Allez la voir.

— Mais le collège est fermé, c'est les grandes vacances !

— Votre recherche est-elle aussi urgente que le fut celle qui guida les plus grands hommes et les plus grandes femmes qui firent les plus grandes découvertes ? Avez-vous l'âme d'un Marco Polo ou d'une Marie Curie ?

— Quoi ?

— Ce sont les questions que madame Feuillette m'a demandé de poser à tous ceux et toutes celles qui s'intéresseraient aux pouvoirs familiaux.

J'acquiesçai sans hésiter. Ma quête était d'autant plus urgente que j'espérais être rentrée chez moi avant que ma famille ne s'aperçoive de ma fugue.

— Alors, allez la voir chez elle. L'amour de la transmission dépasse les horaires d'ouverture !

Je remerciai la bibliothécaire, nous rejoignîmes Tchouki et nous filâmes chez madame Feuillette, qui habitait à trois pâtés de maisons de chez moi.

Mais là où se trouvaient auparavant des pots de fleurs colorés, des guirlandes en papier et un jardin savamment entretenu, nous ne trouvâmes qu'un panneau fiché dans le sol. Il y était inscrit : « À vendre ». Comme chaque fois qu'il voyait un panneau, Tchouki en profita pour se soulager, de cet air un peu gêné qu'il avait lorsque ses instincts animaux le dépassaient.

— Je ne comprends pas, dis-je. Madame Feuillette était pourtant à ma fête, hier !

— Regarde, s'exclama Auguste, quelque chose est punaisé à la porte d'entrée. On dirait une lettre.

C'était une lettre, de toute évidence.

À tous ceux et à toutes celles à qui je n'ai pas eu le temps de dire au revoir...

Je suis désolée d'être partie si précipitamment, mais c'est mieux comme ça. Depuis la fête d'hier, où l'on célébrait je ne sais plus quoi déjà, et organisée par je ne sais plus qui, j'ai malheureusement oublié que des élèves du collège étaient présents et... je me suis amusée. Je le savais, pourtant, que les professeurs, et encore davantage les professeures, oui oui, même à notre époque moderne, ont un rang à tenir. Une réputation. Un sérieux, gage d'autorité. Hélas, j'ai perdu tout cela en une minute, alors que j'imitais un lampadaire allumé en plein jour. Quelle erreur ! Dès le soir même, j'ai reçu des coups de fil ulcérés de parents d'élèves choqués, des plaintes ont été déposées, et le ministre de l'Éducation nationale en personne m'a appelée des Bahamas pour m'informer que j'aurais un blâme. J'ai tout de suite compris que je ne pourrais plus enseigner au collège de cette ville. À quoi bon y passer les vacances, alors ? Ç'aurait été trop triste. Je n'ai donc pas perdu une seconde pour partir. L'inspecteur m'a assuré que j'aurais une place dans un collège à cent kilomètres d'ici, alors je suis allée m'installer dans cette ville. Voici ma nouvelle adresse, si le cœur vous dit de venir me voir malgré le grave impair que j'ai commis hier, lors de cette fête extraordinaire.

Je vous embrasse.

Madame Feuillette

L'adresse était griffonnée au dos de la lettre. Ainsi qu'un post-scriptum :

PS : Si ce sont mes compétences et mes connaissances dans le domaine des pouvoirs familiaux qui vous intéressent, prenez le train.

Ma fête d'anniversaire avait provoqué ça ? Madame Feuillette avait été obligée de bouleverser toute sa vie !

— Pourquoi nous conseille-t-elle de prendre le train ? demanda Auguste.

— Je ne sais pas, mais nous n'avons pas le temps d'aller la voir aujourd'hui. Je dois être rentrée avant que grand-papy ne me raconte une nouvelle histoire.

Pour retourner dans ma chambre, je pris le même chemin périlleux qu'à l'aller, sous les gémissements inquiets de Tchouki. Je trouvai un nouveau plateau devant la porte, qui contenait mon déjeuner. Même froid, je le dévorai. Les fugues, ça creuse ! Et j'attendis tranquillement le dîner, puis la visite de grand-papy Robert. J'espérais bien qu'il m'en apprendrait davantage.

5

— Je t'ai dit que ma vie avait été paisible à Berkeley Heights, dans le New Jersey, commença grand-papy de but en blanc dès qu'il vint me voir, le soir. C'est vrai. J'y connus néanmoins quelques petits soucis de non-camaraderie.

« J'avais six ans sur cette photo.
J'y ai l'air heureux parce que je ne savais pas encore
que mes poches étaient pleines d'araignées... Mortimer Aron
les y avait glissées avant qu'on entre en classe. Mortimer,
c'est le petit garçon, juste derrière moi, là, au regard sombre. »
(Grand-papy Robert)

Dès mes cinq ans, Mortimer Aron, qui était dans ma classe, ne cessa pas de me persécuter. Pourquoi m'avait-il choisi comme bouc émissaire ? Je l'ignorais.

Encre renversée sur ma table, punaises sur ma chaise, cheveux coupés à mon insu, accusations infondées qui me faisaient punir... Un véritable calvaire. Mais je ne me laissais pas faire, et j'essayais de lui tenir tête chaque fois que c'était possible. Il m'arrivait même de le défier dans l'espoir de gagner. Mais il trichait le plus souvent, et je ne gagnais jamais. Sauf une fois.

En 1939, alors que j'avais sept ans, la Seconde Guerre mondiale éclata... À Berkeley Heights en revanche, comme je te l'ai déjà dit, la guerre paraissait loin et la vie continuait, adoucie par le Coca-Cola et le chocolat au lait Hershey's. Et c'est cette année-là que je lançai un nouveau défi à Mortimer Aron.

Notre jeu favori, dans la cour de récréation, c'était le jeu de billes. Sur un terrain plat, nous avions matérialisé deux camps distincts au moyen de planches de bois, séparés par une zone neutre. Une petite ouverture permettait aux billes de circuler d'un camp à la zone neutre, puis de la zone neutre à l'autre camp. Il y avait aussi une ouverture de la zone neutre vers l'extérieur. Le jeu consistait à attirer le plus de billes dans son camp, en choquant celles de l'adversaire avec les siennes. Une bille qui se retrouvait à l'extérieur devenait hors-jeu. Comme Mortimer trichait, il arrivait toujours la même chose : toutes les billes se retrouvaient dans son camp, et moi je n'en avais plus une seule. Normalement, le jeu se finissait à ce moment-là, mais cette fois je lui lançai :

— Je te parie que j'arrive à attirer toutes tes billes dans mon camp sans les toucher.

Il se moqua d'abord de moi, prétextant qu'il faudrait être magicien pour y arriver, puis il me dit :

— D'accord, tu n'as qu'à essayer. Si tu y arrives, tu gagnes toutes les billes. Mais si tu échoues, tu devras te déshabiller entièrement avant d'entrer en classe, et dire à la maîtresse que tu t'es retrouvé ainsi uniquement parce que tu en avais envie. Si tu me dénonces, je te casse la tête. Alors ?

Je frémis, hésitai, et finalement je répondis :

— Marché conclu !

Bien entendu, j'avais un plan.

Cette idée m'était venue quelques jours auparavant, alors que ma mère m'avait emmené à Newark, dans la banlieue de New York, pour rendre visite à l'une de ses tantes. À l'occasion, nous nous étions promenés dans les rues commerçantes, et surtout dans le plus grand bazar que j'eusse jamais vu de toute ma vie. J'avais des billes dans ma poche ce jour-là, comme tous les autres jours, et soudain, alors que je me promenais dans les rayons, je les entendis s'entrechoquer. Quelque chose les avait fait bouger. Je découvris un aimant sur une étagère, coincé au milieu d'ustensiles de cuisine et de bricolage.

Il faut savoir qu'à Berkeley Heights, nous n'avions pas de billes de verre car elles étaient trop chères. Tous les enfants utilisaient des billes en fonte issues des roulements d'essieux pour les trains. Le père d'un de nos camarades, qui travaillait à la compagnie ferroviaire, nous les fournissait gratuitement. Et la fonte est attirée par l'aimant !

Mon idée géniale avait germé. Par chance, ma mère était de bonne humeur, ce jour-là, et elle m'offrit l'aimant en question. Le soir même, j'avais élaboré le schéma qui résolvait tout.

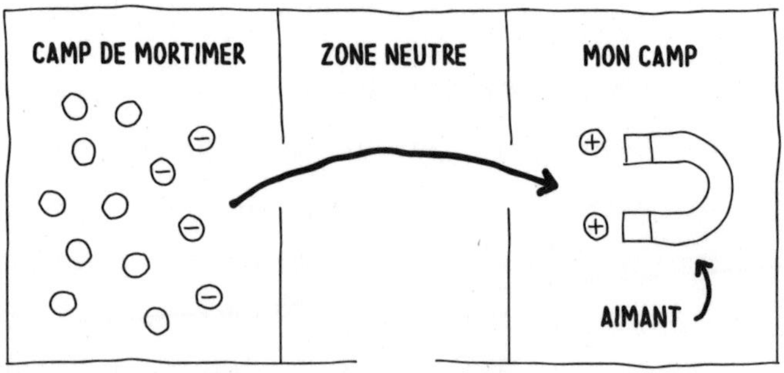

Le schéma qui résolvait tout.

Je sortis ce fameux aimant sous l'air éberlué de Mortimer et sa bande, et je le plaçai devant l'ouverture de son camp. Immédiatement, toutes les billes furent attirées. Je les fis se déplacer ainsi, le plus facilement du monde, du camp de Mortimer à la zone neutre, puis à mon camp. La simplicité du procédé décupla la fureur de Mortimer. Mais j'avais gagné. Et toutes les billes finirent dans ma poche ! Ce fut ma seule victoire contre Mortimer Aron, et j'eus de nombreuses autres défaites. Mais cette victoire fut si grande que je gardai précieusement mon schéma en souvenir. Je le portais toujours sur moi, à tel point que je finis par le considérer comme un grigri ou un porte-bonheur.

Et puis un jour de 1945, j'eus treize ans, et il m'arriva cette fabuleuse histoire de l'homme-au-chapeau-sur-les-photos, que je t'ai racontée ce matin. Ce fut aussi à partir de cette date que Mortimer Aron devint encore plus hargneux, certainement à cause d'une poussée de testostérone. Mais ce qui me faisait le plus souffrir, c'était mon amour secret pour sa cousine Albertine, bien qu'elle ait quatre ans de plus que moi. Elle était arrivée deux ans plus tôt à Berkeley Heights, et elle me fascinait. Mais c'était comme si nous ne vivions pas dans le même monde. Elle était captivée par les corbeaux, une passion inexplicable mais puissante. Non seulement elle était incollable sur les us et coutumes de dizaines d'espèces, mais en plus elle possédait plusieurs cages et perchoirs dans sa chambre. En tout cas c'était ce que disait la rumeur, car je n'y fus hélas jamais convié, dans sa chambre. Elle préférait la compagnie des corbeaux à celle des humains et, à moi, elle lançait des éclairs noirs avec ses yeux dès qu'elle me voyait.

Les mois défilèrent au rythme du swing que j'aimais de plus en plus, des mauvais coups de Mortimer qui ne m'atteignaient pas tant que ça, et de la formidable indifférence d'Albertine à mon égard. Au mois de décembre 1947, j'avais quinze ans et, le dernier jour de lycée, juste avant les vacances de Noël, une visite fut organisée par mes professeurs aux laboratoires Bell situés non loin, à Murray Hill. Ils étaient très réputés dans le domaine des télécommunications.

Nous arrivâmes en autocar devant le bâtiment rectangulaire, comme posé en pleine campagne, cerclé par une piste ovale. Un dénommé John Bardeen nous accueillit dans le hall immaculé, aux murs noir brillant, pour nous mener vers le bâtiment de la recherche fondamentale.

Des hommes en blouse blanche y réfléchissaient, y calculaient, y expérimentaient, tous penchés sur des feuilles, sur des tableaux noirs remplis d'équations et de schémas complexes, ou sur des appareils étranges, dont certains ressemblaient à de grosses ampoules.

Alors que le chercheur nous expliquait comment fonctionnait un commutateur électrique, Mortimer s'approcha de moi sans que je m'en rende compte. Il vit dépasser mon fameux schéma souvenir-gri-gri-porte-bonheur de ma poche et y plongea sa main. Avant que je puisse réagir, il détenait le dessin grâce auquel je l'avais vaincu à plate couture.

— Tiens, tiens, mais que voilà ? railla-t-il dans un murmure pour qu'on ne l'entende pas. Tu veux encore jouer aux billes, Bobby ? Tu sais qu'on n'a plus l'âge ?

J'essayai de récupérer mon bien, mais sa bande de trois garçons, parmi les plus massifs de la classe, le protégeait efficacement.

— J'hésite, poursuivit-il. Je le déchire en petits morceaux, je l'avale, ou bien ?... Oh, j'ai une meilleure idée ! Autant que tu te fasses punir, pour faire d'une pierre deux coups !

Il plia le papier pour en faire un avion qu'il fit voler au-dessus de John Bardeen.

— C'est à moi ! ne puis-je m'empêcher de crier.

— C'est à Robert ! confirma Mortimer en éclatant de rire.

John Bardeen s'interrompit d'un air contrarié. L'avion de papier atterrit entre les mains d'un deuxième chercheur qui entreprit aussitôt de le déplier. Un troisième se pencha dessus pour voir de quoi il s'agissait. Les deux hommes avaient un sourire amusé sur le visage. Cela leur rappelait sans doute leurs années de lycéens. Mais soudain, en déchiffrant mieux mon dessin, l'un des chercheurs devint sérieux.

— Qu'y a-t-il, William ? demanda John Bardeen en s'approchant.

— Walter ? Tu vois ce que je vois ? demanda William à l'autre homme à côté de lui, qui se contenta de hausser les épaules.

John s'approcha et se concentra un instant.

— Bon sang, il y a une partie de la réponse à ce qu'on cherche dans ce dessin ! s'exclama-t-il.

— Qui est ce fameux Robert ? Celui qui a dessiné cela ?

J'avançai d'un pas et j'expliquai tout, un peu honteux d'avoir gardé ce schéma de petit garçon. J'eus encore plus honte quand je dus expliquer de quoi il s'agissait, suite à quoi les trois chercheurs éclatèrent de rire.

— Même si tu l'as imaginé pour gagner à un jeu de billes, mon garçon, je dois te remercier pour ce schéma ! On bloquait pour... Et il n'y a là qu'une partie de la solution, mais... Peu importe. Pouvons-nous le garder ?

J'acquiesçai sans hésitation. Je n'étais pas triste de m'en séparer si cela pouvait être utile à la science. Mortimer me foudroyait du regard, mais j'avais l'habitude. Il avait une nouvelle fois échoué à me nuire et, malgré ma honte, je n'étais pas peu fier.

Pendant de longues années, je ne sus pas ce que les trois chercheurs firent de mon schéma. Je ne l'appris qu'en 1954, quand fut commercialisé le premier poste à transistors. Le transistor ne tarda pas à connaître de multiples applications, en particulier au sein des premiers ordinateurs. Plus tard, on le qualifiera « d'invention du siècle ». Sans elle, il n'y aurait pas aujourd'hui de systèmes électriques, ni de télévision, et encore moins tous ces trucs que ta génération adore : les téléphones portables, Internet et le reste. Dans chaque maison, on peut compter des centaines et des centaines de transistors. C'est un apport tout à fait révolutionnaire... même si je trouve que ce qu'on en fait est déplorable, et que ça empêche les jeunes comme toi de lire et de pratiquer de saines activités ! Quoi que j'en pense, il paraît que le transistor a considérablement amélioré la vie de mes congénères. Tu peux donc imaginer mon émotion quand je découvris pour la première fois, dans un magazine scientifique, le schéma du transistor.

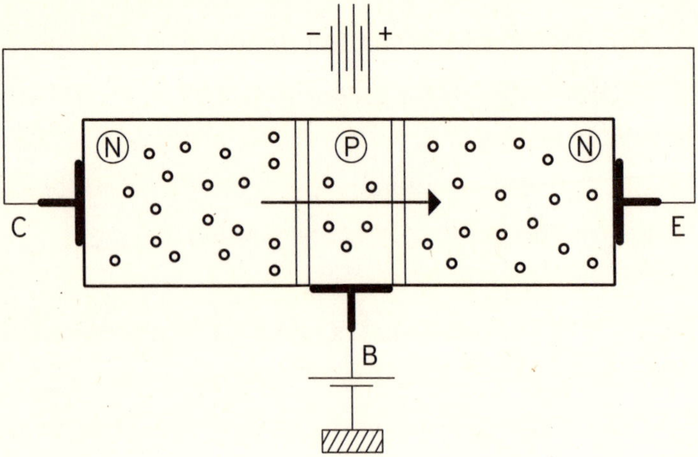

Mes billes étaient devenues des électrons. Le camp de Mortimer était le collecteur, mon camp l'émetteur, et la zone neutre était la base. Quant à l'aimant, il agissait comme la tension positive dans la base, qui permet la circulation des électrons.

C'est donc grâce à moi, Robert Papillon, que fut inventé le transistor, un jour de décembre 1947.

6

— C’est dingue… !

J’avais été si emportée par ce récit que j’en avais oublié mon propre sort.

— Mais pourquoi Mortimer Aron cherchait-il à t’embêter comme ça ?

— Parce qu’il ne s’appelait pas Mortimer Aron, en réalité. Lui et sa famille vivaient en ville sous une fausse identité. Après cette visite scolaire aux laboratoires Bell, Mortimer avait compris que je venais de provoquer quelque chose d’important, et il en étouffait de rage et de jalousie. Dès le lendemain, lui, un grand gaillard nommé Basile, ainsi que sa cousine Albertine me barrèrent la route sur le chemin de l’épicerie. Je sus plus tard que Basile était le fils de l’homme à tout faire de la famille Avalanche, qui savait s’entourer d’un personnel aveuglément fidèle. Mortimer, Basile et Albertine m’entraînèrent dans une ruelle et…

Mortimer se mit à me rouer de coups de poing. Il était fort, du haut de ses quinze ans, mais je l'étais aussi. Je rendis chaque attaque. La lutte était féroce. Mais quand Mortimer faiblissait, Basile intervenait et m'administrait un seul coup bien placé, net et violent, qui me terrassait.

— Et Albertine ?

Photo d'Albertine, entre son cousin Mortimer (à gauche), et le fils de leur factotum, Basile (à droite). « Albertine était toujours accompagnée d'au moins un corbeau. Elle disait que l'intelligence de ces oiseaux était fascinante. » (Grand-papy Robert)

— Elle se contentait de regarder... d'un air triste, je crois. C'est ce que j'ai pensé, mais comme je l'aimais, je me faisais peut-être des illusions pour me consoler. Trois corbeaux voletaient autour d'elle. Alors que j'étais à terre, un homme nous vit de loin et cria pour que le combat cesse. Avant de s'enfuir, Mortimer me lança : « Attends de voir de quoi est capable la famille Avalanche ! » Albertine m'adressa un dernier regard indéchiffrable, avant de suivre son cousin et Basile qui détalaient. Les corbeaux volèrent à sa suite.

Quand je racontai cela à mes parents, ils se raidirent et frissonnèrent, avant de me prendre dans leurs bras. « Si nous avions su le vrai nom de cette famille, mon petit Robert, on ne t'aurait pas laissé la côtoyer aussi longtemps ! – Qu'est-ce qu'ils tramaient jusque-là, si proches de nous ? Nous devons partir ! » décréta mon père tout en commençant déjà à ranger ses affaires dans une malle.

— Mais c'était qui, ces Avalanche ?

— La famille Avalanche est notre ennemie depuis des siècles. C'est ce que mes parents m'ont expliqué ce jour-là.

Depuis des siècles ? J'étais éberluée. J'étais loin d'imaginer que je pouvais avoir des ennemis. Je demandai pourquoi ils nous en voulaient à ce point.

— C'est en lien avec notre pouvoir. Quelques-uns des Avalanche le connaissent et en sont jaloux. Mortimer, lui, n'était pas du tout au courant, il savait juste que nos deux familles étaient rivales. Cela suffit aux esprits faibles pour nourrir la haine. Mais Albertine, elle... Elle savait.

À partir de ce moment, grand-papy se ferma comme une huître et décréta qu'il était temps de dormir. Dès qu'on abordait des sujets hyper intéressants, mes aïeux se carapataient. Ça commençait à bien faire ! Cela me conforta dans ma décision d'aller trouver des réponses en dehors de ma famille. Il était temps que je découvre la vérité !

Tôt le lendemain matin, Auguste, Tchouki et moi étions à la gare. Notre objectif : la grande ville où vivait désormais madame Feuillette ! J'avais dû casser la tirelire en forme de cochon que m'avait offerte mamie Rose l'année précédente, et compter mes pièces et mes billets. Heureusement, j'en avais assez.

J'espérais qu'aucune connaissance de ma famille ne nous avait vus sur le chemin. Nous avions été les plus discrets possible, nous cachant derrière les abribus, les panneaux publicitaires, et nous accroupissant derrière les bouches d'incendie dès que nous croisions un ou une passante.

Mais on ne pouvait pas se cacher du chef de gare. L'homme aux tempes grisonnantes et à la casquette vissée sur le crâne s'approcha de nous. Je priai pour qu'il ne soit pas un ami de mon père.

– Vous voyagez seuls, les enfants ?

– Je suis plus vieux que j'en ai l'air ! rétorqua Auguste en se redressant.

– Nous avons un garde du corps, ajoutai-je en désignant Tchouki qui aboya pour confirmer.

– Faites tout de même attention. Des voleurs rôdent, par ici. Ainsi que d'autres personnages peu recommandables. Je serais vous, je me placerais dans le train à côté d'un adulte de confiance.

Nous hochâmes la tête, mais en réalité je me demandai comment distinguer un adulte de confiance d'un adulte de méfiance. Notre train arriva, nous montâmes dans un wagon et cherchâmes où nous installer. J'avisai deux places libres en face d'un homme au costume en lin sombre, au long nez et au regard sérieux. Il avait croisé des mains noueuses sur une sacoche noire posée sur ses genoux et se tenait le dos droit, l'air aux aguets. De l'autre côté de l'allée était assise une vieille dame aux cheveux blancs et au petit sourire rêveur, vêtue d'une robe riante à fleurs rouges, et qui serrait son sac à main contre son ventre.

— Cette dame m'a tout l'air d'une personne de confiance, dis-je.

Auguste acquiesça et nous nous installâmes en face d'elle en lui adressant de grands sourires. Tchouki s'allongea dans l'allée et posa son museau sur ses pattes avant, avec un couinement signifiant : « J'ai l'air placide comme ça, mais je reste aux aguets, et gare à quiconque s'en prendrait aux enfants ! »

— Comme vous êtes charmants, tous les deux, nous dit la vieille femme. Où allez-vous comme ça ?

— Nous allons voir madame Feu... Ouch !

— Nous allons voir notre tante... Heu, tante Janis, rectifiai-je après avoir écrasé le pied d'Auguste.

La vieille dame inspirait confiance, certes, mais ce n'était pas une raison pour lui raconter tous nos secrets ! Et puis je ne voulais pas que l'homme à la sacoche, de l'autre côté du wagon, sache où on allait. Il nous jetait des regards en coin toutes les trois secondes.

— Oh, heu, oui, bredouilla Auguste. Ça fait tellement longtemps qu'on ne l'a pas vue, cette chère tante Janis !

Je me retins de lever les yeux au ciel. Auguste ne savait pas du tout mentir. La vieille dame sourit avec compréhension et Auguste se pencha vers mon oreille.

— Pourquoi est-ce que madame Feuillette nous a conseillé de prendre le train ?

— Je ne sais pas, mais ça nous arrange puisque nous n'avons ni voiture, ni permis pour la conduire.

— En tout cas, c'est dommage qu'elle n'ait pas laissé son numéro de téléphone, sur la feuille. On aurait pu la prévenir de notre arrivée. Imagine qu'elle ne soit pas là ?

— Au pire, ça nous aura fait une promenade. C'est mieux que de rester enfermée !

Auguste se tut, et moi je fermai les yeux en repensant aux incroyables exploits de grand-papy Robert. Incroyables, oui... Et pourtant, pourquoi aurait-il inventé ces histoires ?

Puis je m'assoupis en rêvant à des photos qui auraient pu être faites pendant ma fête d'anniversaire, et qui ne le furent pas.

Madame Feuillette imitant un lampadaire
allumé en plein jour.

Les trois fripons préparant leur blague idiote.

— On est arrivés !

Auguste me secoua. Nous saluâmes la vieille dame poliment, Tchouki émit un grognement (« Au revoir, madame »), et nous courûmes hors du train, puis hors de la gare.

La ville était grande, aux bâtiments hauts, aux voitures qui roulaient vite en klaxonnant, et aux passants pressés. J'en avais un peu le vertige. Tchouki aussi semblait désorienté et marchait la queue basse en se serrant contre nous (« Toutes ces odeurs, tout ce bruit, tout ce monde... Grands dieux canins, une chatte n'y retrouverait pas ses petits ! »). Auguste gardait la tête froide et avait déjà entré l’adresse de madame Feuillette dans le GPS de son téléphone.

— Suis-moi !

Je ne me fis pas prier.

— Tu imagines ? me dit-il sur le chemin. Si ça se trouve, depuis avant-hier, tu as déjà provoqué sans le savoir un événement qui va bouleverser le monde ! Peut-être même plusieurs. Sans compter ceux dont tu n’auras jamais connaissance. Qui sait si ce petit gravier sur lequel tu viens de trébucher et qui a été projeté dans cette bouche d’égout ne va pas être avalé par un rat ? Qui sait si ce rat ne va pas aller agoniser, étouffé par le gravier, dans la demeure d’un espion à la solde de... de méchants ? Qui sait si cet espion ne va pas, horrifié, le jeter dehors en enveloppant au préalable sa main dans un sachet, pour ne pas avoir à le toucher ? Qui sait si dans ce geste une bague ne va pas glisser de son doigt ? Qui sait si cette bague ne contient pas une puce avec des informations capitales qui allaient provoquer un conflit mondial ? Qui sait si cette puce ne va pas être dévorée par des cafards dans une ruelle sombre et humide ? Qui sait si, par conséquent, ce n’est pas grâce à toi que la Troisième Guerre mondiale vient d'être évitée ? Ah, on y est !

Tout ça m’avait un peu filé le tournis... Nous nous retrouvâmes enfin à l’adresse indiquée, devant une maison minuscule coincée entre deux buildings. Des centaines de tracts jonchaient le perron et le trottoir.

Pétition pour que la dernière maison de moins de deux étages de la ville soit enfin éliminée ! Premiers signataires : présidents-directeurs généraux de la Société des grands hôtels, présidente-directrice générale des Promoteurs associés, président-directeur général de l'Union des agences immobilières du pays et au-delà...

— Pas sûre que madame Feuillette habite encore longtemps ici, souffla Auguste.

— Allons frapper à sa porte, décidai-je.

— Ouaf, approuva Tchouki.

Un grand silence nous répondit d'abord, accompagné par une bourrasque de vent qui fit se soulever tous les tracts disséminés sur le sol. Je frappai encore. Puis encore. Et encore.

La porte s'ouvrit enfin, une main passa par l'ouverture, empoigna Auguste, le tira à l'intérieur et referma le battant. Je restai muette de surprise, bras encore en l'air, prête à frapper une nouvelle fois. Mais la porte s'ouvrit de nouveau et, cette fois, ce fut moi que la main empoigna pour me tirer dans le vestibule.

— Entre vite ! me souffla madame Feuillette qui était en train de faire tourner une série de verrous.

Douze, pour être tout à fait précise. Elle se tourna vers nous et plissa les yeux dans la pénombre.

— Vous êtes venus pour avoir des informations sur les pouvoirs familiaux ?

Je hochai la tête.

— Mon amie la bibliothécaire m'a prévenue. Vous êtes venus par le train ?

Cette fois, ce fut Auguste qui hocha la tête.

— Parfait. Suivez-moi.

Elle ouvrit une porte dans le couloir sombre, au-delà de laquelle se trouvait une pièce ronde remplie de livres du sol au plafond. LA bibliothèque idéale : feutrée, à la lumière diffuse et aux rayonnages de bois. Des dizaines et des dizaines de photographies sous verre étaient posées ou suspendues là où il y avait de la place. Des photos d'artistes, ou bien de simples photos de famille. J'étais émerveillée, mais aussi éberluée.

— Comment est-ce que vous avez eu le temps d'installer tout ça en une journée à peine ?

— Oh, je n'ai rien fait, moi ! Cette maison appartient à ma famille. Et dans ma famille, on adore les livres. On veille sur eux, même.

— Oh...

— Les promoteurs et les employés de la ville me harcèlent pour que je signe l'autorisation de démolition, mais je tiendrai bon. Au départ, j'étais désespérée de devoir quitter notre petite ville, mais finalement, c'est une chance ! Il n'y avait plus personne pour protéger ce lieu, et sans moi ce ne serait plus qu'un tas de briques à l'heure qu'il est... Un mal pour un bien, n'est-ce pas ? Qu'est-ce que je peux faire pour vous, les enfants ?

– J'ai besoin d'informations, dis-je, sur un pouvoir familial.

– Ta famille t'a enfin mise au courant ?

– Que... quoi ? Vous... vous...

– Je connais le pouvoir de la famille Papillon, oui. Il est fabuleux. L'un des plus puissants que je connaisse. Je crois que les membres de ta famille ne sont conscients que du dixième de ce qu'ils ont pu provoquer de bénéfique pour l'humanité.

– Ah, tu vois ce que je te disais ? murmura Auguste. Mon histoire de gravier n'était pas si bête !

– C'est donc vrai ? soufflai-je.

– Si c'est vrai ? Pour moi, il n'y a aucun doute. Tu trouveras beaucoup de gens qui te diront que ce ne sont que des mensonges, mais... Attends une minute, ma petite Éva.

Madame Feuillette sauta sur une échelle fixée contre les rayonnages, qui se mit à glisser horizontalement. Elle la stoppa en calant son pied contre une étagère, fit courir ses doigts sur les couvertures, poussa une petite exclamation de victoire et décoinça un gros ouvrage ancien d'entre deux autres. Une fois de nouveau à notre hauteur, elle me le tendit. Le titre était : *Histoire des pouvoirs familiaux de l'Antiquité à nos jours*.

— Vas-y, installe-toi sur ce pupitre pour le feuilleter, m'enjoignit madame Feuillette, qui rayonnait de bonheur en me voyant si impressionnée. Le sommaire est à double entrée, regarde, par nom de pouvoir et par nom de la famille qui en est pourvue. Ma famille est chargée de le mettre à jour, génération après génération.

— Il est tellement volumineux ! Il y a tant de familles qui ont des pouvoirs ?

— Oui, mais tu sais, la plupart sont insignifiants. Il y a le pouvoir de toujours oublier ses clés, ou bien le pouvoir d'énerver ses interlocuteurs, ou encore le pouvoir de rater systématiquement les recettes de cuisine. Beaucoup de familles sont ainsi maudites. D'autres sont bénies, par le pouvoir du pouce vert qui permet de bien jardiner, ou bien par celui de rendre heureux ses proches. Et de rares familles possèdent un pouvoir plus vaste, qui touche de nombreux domaines et qui a un impact beaucoup plus grand que sur l'entourage proche... comme c'est le cas pour la famille Papillon.

Je recherchai le nom Papillon dans l'index.

— Là !

Auguste se serra contre moi pour mieux lire la page où étaient reproduites des photos d'aïeux inconnus.

Zélie Papillon, en 1813,
grâce à qui fut inventé le vélocipède
(ou bicyclette).

Édouard Papillon en 1835, grâce à qui fut signé,
cinq ans plus tard, le traité de Londres
pour la pacification du Levant.

Huguette Papillon, en 1905,
grâce à qui le physicien allemand Albert Einstein publia ses
théories de la relativité et de l'équivalence
de la masse et de l'énergie ($E = mc^2$).

Tout le livre était manuscrit, d'abord à la plume, ensuite au stylo-plume, puis au stylo-bille. Je lus à haute voix :

Famille : Papillon.

Pouvoir : influer positivement la marche du monde.

Existence : depuis le VI*e* *siècle avant J.-C. La première influence des Papillon recensée est l'aide apportée à l'introduction du cadran solaire en Europe par Anaximandre de Milet.*

Étendue : ce pouvoir est donné à l'aîné ou l'aînée de la famille. Il prend effet à l'âge de treize ans, jusqu'à ce que le sujet ait lui-même un enfant. Pendant treize années, le don se trouve donc en sommeil, ce qui lui laisse le temps de retrouver toute sa vigueur… mais laisse aussi, hélas, le champ libre au pouvoir des Avalanche.

Le pouvoir des Avalanche ? Eux aussi en ont un ? Je sautai les passages suivants pour arriver au dernier paragraphe, écrit à l'encre bleue.

En 2000 naquit Éva Papillon. Cette naissance marque une nouvelle ère très imprévisible, puisque ses parents sont…

L'une des fenêtres de la bibliothèque s'ouvrit brutalement sous l'effet d'une bourrasque violente. Le vent souleva les feuilles du livre et je perdis ma page. Le temps que je me remette de ma surprise, un corbeau aux larges et longues ailes noires s'engouffra par l'ouverture, fonça sur nous, ouvrit ses serres puissantes et les referma sur le livre, avant de repartir par le même chemin. Jamais je n'avais vu de corbeau aussi grand.

Madame Feuillette courut vers la sortie, avec nous à ses trousses. Tchouki aboyait de toutes ses forces. Une fois dehors, nous vîmes l'oiseau au plumage de geai peiner à prendre de la hauteur et de la vitesse à cause du poids du livre. Il survolait la route et les voitures. Des passants poussèrent des cris à sa vue. Nous nous précipitâmes sur lui. C'était Tchouki qui courait le plus vite, comme fou à l'idée d'attraper un oiseau de cette envergure.

— Le corbeau va lâcher le livre ! s'écria Auguste. Il est trop lourd pour lui !

Et c'est exactement ce qui arriva, alors qu'il survolait le trottoir d'en face. Mais nous n'y étions pas encore, Tchouki non plus, et aucun de nous ne put le rattraper dans sa chute. En revanche, par un triste hasard, ce fut l'homme inquiétant, celui qui était dans le train et passait par là, qui se retrouva avec le livre entre les bras.

— Mais qu'est-ce qu'il fait là, celui-là ?

Cependant, par un autre hasard fabuleux, la même gentille vieille dame qui se trouvait avec nous dans le wagon et qui trottinait là, lui balança un coup de pied dans les jambes qui lui fit pousser un cri perçant. Elle en profita pour s'emparer du livre. Quelle héroïne !

— Oh, merci, madame ! m'exclamai-je en courant vers elle. Ce livre est à n...

Je m'attendais à ce qu'elle nous adresse son petit sourire bienveillant qui m'avait tant plu, mais elle me foudroya du regard, son visage se crispa, son corps se ramassa sur lui-même et elle fila comme l'éclair en serrant l'encyclopédie contre elle. L'homme, lui, avait déjà bondi à sa poursuite. La vieille dame était dans une forme tout à fait incroyable pour son âge, vu la vitesse à laquelle elle avait détalé.

L'homme sombre et sec revint dans notre direction quelques minutes plus tard, l'air dépité. Il se planta devant nous, les épaules tombantes et le regard au sol.

— Désolé, madame Feuillette, je n'ai pas réussi à la rattraper. Cette scélérate s'est faufilée dans les ruelles les plus étroites, plus rapide qu'un feu follet. J'ai pu la saisir par le col de sa chemise durant un bref instant, mais le tissu m'est resté entre les mains.

L'homme ouvrit sa paume où se trouvait un bout d'étoffe au motif d'oiseaux : pinsons, fauvettes, mésanges, geais et rossignols alternaient avec régularité. Il leva alors les yeux.

— Madame Feuillette ? N'était-elle pas là il y a une minute à peine ?

Mais oui. Et elle n'était plus là ! Elle ne se trouvait nulle part autour de nous.

— Mais... Mais vous, qui êtes-vous ?

J'étais abasourdie.

— Je suis monsieur Tortillard, mes enfants, un ami de longue date de madame Feuillette. Je vous expliquerai ! Allons voir si elle est chez elle.

Nous fouillâmes chaque coin et recoin de la maison, mais elle n'était nulle part. Tout en cherchant, monsieur Tortillard nous expliqua :

— Elle m'avait chargé de veiller sur vous dans le train. Je dois prendre le train tous les jours, le plus de trains possible par jour. Si je n'en prends pas au moins dix dans une journée, je n'en dors pas de la nuit. Je vous expliquerai pourquoi plus tard, si le destin veut que nous nous revoyions. En tout cas, comme madame Feuillette se doutait que des ennemis seraient à tes trousses, Éva Papillon, elle m'a demandé de prendre le même train que vous.

— Des ennemis ? demandai-je. Pourquoi cette vieille dame m'en voudrait-elle ? C'est une Avalanche ?

— Je vois que quelqu'un t'en a déjà parlé. Très certainement, oui. Madame Feuillette disait que leur pouvoir maléfique venait de se réactiver, qu'il serait puissant, et elle avait toutes les raisons de croire qu'ils pourraient tenter d'affaiblir le tien.

— Dites-m'en plus ! Et pourquoi ont-ils volé ce livre ? Et c'était quoi, la fin de la phrase ?

— Je ne sais pas, Éva. Vraiment pas. Seule madame Feuillette en savait davantage, et... tels que je connais les Avalanche, ils l'auront kidnappée pour qu'elle ne t'en dise pas plus.

Il se jeta dans un fauteuil, l'air accablé.

— Vous devriez rentrer, les enfants, recommanda-t-il en se levant brusquement. Reprenons le train sans plus tarder. Vous serez plus en sécurité chez vous.

Nous suivîmes monsieur Tortillard.

« Bonne chance, les enfants, soyez prudents ! »
(Madame Feuillette, sur l'une des photos posées dans la bibliothèque, un jour de bonheur simple dans sa maison de campagne)

7

— Grand-papy, existe-t-il un livre qui raconte l'histoire de notre pouvoir familial ?

Les poils de sa barbe s'entortillèrent entre eux, comme frappés d'embarras.

— Je crois que oui... Je ne suis pas sûr... J'ai entendu parler de quelque chose dans ce genre... Mais, hum... c'est sans doute une rumeur.

J'avais trop envie de lui demander quel était exactement le pouvoir des Avalanche, mais il se serait demandé comment j'en avais entendu parler.

— Dis, tu n'as pas fini ta phrase, l'autre jour... Est-ce que tu sais des choses sur ma mère ? demandai-je alors. Qui était-elle vraiment ? Je ne connais que son prénom ! J'ai besoin de savoir !

— Éva, tu sais bien que ton père refuse que nous te disions quoi que ce soit sur Sonia. S'il te plaît, n'insiste pas ! Écoute plutôt mon nouvel exploit. Tu es prête ?

— Ce n'est pas comme si j'avais le choix, pas vrai ?

Il fit mine de ne pas avoir entendu. Je bouillonnais de révolte, mais je le cachai soigneusement, pour ne pas éveiller les soupçons de grand-papy concernant mes fugues.

— Après que nous apprîmes que les Aron s'appelaient en réalité Avalanche, commença-t-il, nous quittâmes Berkeley Heights en catastrophe pour rejoindre l'île de Jura, en Écosse, dans l'archipel des Hébrides, dont l'orphelinat cherchait un directeur. Ce fut une directrice qui postula, en la personne de ma mère. Quant à mon père, puisqu'il n'y avait pas de poste d'infirmier pour lui à l'orphelinat, il dénicha un emploi à la distillerie de whisky du village de Craighouse, situé sur la côte est.

Nous habitions à plus de soixante kilomètres de là, près du travail de ma mère, dans une villa au bord de la falaise balayée par les vents, les embruns, la pluie et la neige, suivant les saisons. Sur cette île farouche, nous n'étions pas plus de cent cinquante habitants.

Quant à moi, j'allais au lycée sur le continent, où je dormais à l'internat en semaine.

Je retournais sur l'île de Jura tous les vendredis soir. J'étais seul à descendre du ferry à cette escale, et je marchais durant une heure pour rejoindre la maison. J'appréciais cette marche en solitaire dans ce paysage sauvagement romantique. J'aimais toujours le jazz, le swing, la bagarre et les tenues excentriques quoique élégantes, ainsi que la solitude. Je me promenais en fredonnant des airs de Charlie Parker, Frank Sinatra, Billie Holiday ou Woody Guthrie, que j'avais entendus sur le gramophone de la salle commune de l'internat. Ou bien je récitais des poèmes à tue-tête :

La tempête a béni mes éveils maritimes.
Plus léger qu'un bouchon j'ai dansé sur les flots
Qu'on appelle rouleurs éternels de victimes,
Dix nuits, sans regretter l'œil niais des falots[1].

J'avais seize ans, et le cœur plein de désirs et de rêves d'aventures.

Un vendredi de janvier, à ma descente du ferry, j'avisai un homme seul, assis sur une chaise pliante au bord d'une falaise, à une vingtaine de mètres du chemin de terre sur lequel je me trouvais. Il fumait un cigare fin tout en contemplant la mer agitée. Puis il partit dans une quinte de toux si forte et si prolongée que j'en fus alarmé. Je me précipitai vers lui.

1. « Le Bateau ivre », Arthur Rimbaud.

— Monsieur ! Tout va bien ? Regardez-moi, tout va bien ?

Il harponna mes yeux et finit par se calmer. Il avait un regard doux, bleu et tendre, et il lissait lentement sa moustache qui figurait un trait d'union au-dessus de ses lèvres.

Je reconnus Eric Blair, notre voisin le plus proche, à vingt minutes à pied de chez nous. Il vivait là avec son fils Richard âgé de quatre ans. La mère de Richard avait hélas péri à cause d'une maladie, alors qu'il n'avait que neuf mois. Mes parents et moi étions déjà venus plusieurs fois les voir, un peu inquiets pour ce veuf et cet orphelin, mais Eric mettait toujours du temps avant de nous ouvrir. Il ne nous entendait tout simplement pas, à cause de sa toux accompagnée du tapotement furieux de sa machine à écrire. Pour attirer son attention, nous devions nous approcher de la baie vitrée qui donnait sur son bureau. C'est ainsi que nous surprenions Eric Blair en pleine activité.

Celle-ci le rendait fiévreux ; les yeux vitreux, les mains tremblantes, il était constamment entouré par la fumée de ses cigares fins et très porté sur ce fameux whisky que mon père aidait à distiller à Craighouse. Il traversait la maison comme un pauvre diable en morigénant et en tapant du pied sur le plancher, ou au contraire il y glissait en silence comme un fantôme. Au début, je crus qu'il pratiquait une activité illégale, angoissante et pleine de danger. Trafiquant, faux-monnayeur ou espion à la solde des Russes. J'aurais dû comprendre plus tôt qu'il était écrivain.

J'ai rencontré de nombreux écrivains et de nombreuses écrivaines au cours de ma vie, et jamais je n'ai connu d'êtres plus tourmentés. L'air traqué et le sommeil perturbé, ils sont tour à tour hantés ou en transe. Quand on leur demande pourquoi ils ne font pas autre chose de plus paisible, comme veilleur de nuit, fleuriste, professeur d'université ou ambassadrice de l'archipel des Tuvalu, leurs yeux lancent des éclairs et ils rétorquent, pleins de fougue, qu'ils n'ont pas choisi, que c'est comme ça, que l'écriture c'est la vie et que leur ôter l'écriture ce serait comme leur ôter la vie.

Eric Blair était un spécimen tout à fait ordinaire d'écrivain, que tout connaisseur en la matière aurait pu reconnaître dès le premier coup d'œil, mais je ne m'y connaissais pas encore assez.

— Je vais bien, jeune homme, déclara Eric Blair une fois tout à fait calmé, mais ne seriez-vous pas le fils de mes voisins ?

— C'est bien moi, monsieur Blair. Robert Papillon, pour vous servir. Que faites-vous donc là ? Vous êtes en plein vent. Ce n'est pas bon pour vous !

— Je cherche l'inspiration. Hélas, elle m'a quittée, dirait-on. J'ai peut-être trop vécu.

— Mais… n'est-ce pas lorsqu'on a beaucoup vécu qu'on a le plus de choses à raconter ?

— J'ai déjà tout raconté. Par exemple, savais-tu qu'après mes études à Eton, où je m'enorgueillis d'avoir été le plus mauvais des élèves, je me suis engagé dans la police impériale des Indes, en Birmanie, en 1922 ? J'y ai été écœuré par l'arrogance et la brutalité des Anglo-Indiens vis-à-vis des Birmans. J'y ai vu la haine, l'envie et la volonté de vengeance qui envahissaient les Birmans en retour… Et j'en ai fait un livre.

— Passionnant !

— Sache que j'ai démissionné en 1928. J'ai alors pris la décision de consacrer ma vie à l'écriture. À Londres ou à Paris, j'ai vécu dans une grande pauvreté, car c'est ce qui attend de nombreux écrivains en début de carrière, hélas, lorsqu'ils ont la malchance d'être sûrs de l'être. Petits boulots ingrats, chambres sous les toits mal chauffées, la faim comme seule compagne… J'ai même été clochard, j'ai attrapé une pneumonie… Et j'en ai fait un livre.

— Incroyable !

— Figure-toi que j'ai ensuite décidé de participer à la guerre civile espagnole de 1936. Je me suis engagé au sein du POUM, un parti anarchiste et révolutionnaire. J'ai combattu auprès des ouvriers, et pour eux. C'était cruel et violent. Lors d'un combat, j'ai été grièvement blessé. Une balle dans la gorge. Beaucoup de mes amis du POUM ont été arrêtés et fusillés. Moi-même, j'étais traqué... Et j'en ai fait un livre.

— Ébouriffant !

— J'ai réussi par miracle à m'échapper en France, avant de regagner l'Angleterre. Tu crois que j'ai enfin pu me reposer ? D'abord, j'ai dû subir une campagne de désinformation massive de la part des communistes à propos de la guerre d'Espagne. Puis la Seconde Guerre mondiale n'a pas tardé à éclater, comme tu le sais, hélas. Tant de totalitarismes... Et j'en ai fait un livre.

— Terrifiant...

— Tu n'imagines pas à quel point une idéologie fasciste peut se répandre dans tous les esprits. Même ceux qu'on croyait incapables d'être contaminés.

À ce moment du récit de grand-papy Robert,
je me demandai de quoi aurait été capable Tchouki,
s'il avait vécu à cette époque.

— En avez-vous fait un livre ?

Il soupira.

— Mon cher petit, j'ai souvent eu des pannes d'écriture, des manques d'inspiration, des syndromes de la page blanche, mais cette fois, c'est pire. Je sens que quelque chose gronde en moi, mais c'est tellement énorme que cela me fait peur. Cela m'aveugle et me paralyse. Voilà plusieurs mois que je suis incapable d'écrire une seule ligne ni d'avoir une seule idée. Je crois bien que ma carrière d'écrivain est terminée.

— Je suis sûr que vous vous trompez.

Il me fixa avec intensité.

— Toi, ta vie commence. Tu es en plein cœur de la grande aventure de l'existence. Raconte-moi un peu ce que tu as déjà vécu.

— Mais je n'ai rien vécu d'extraordinaire ! me récriai-je. Hélas, ma vie est aussi plate que le serait un monde sans swing.

Je mentais, bien sûr. Mon voyage à Paris pour retrouver les sujets des photographies qu'on m'avait envoyées, c'était extraordinaire ! Mais lorsqu'on a connaissance de son pouvoir, chez les Papillon, on jure de ne jamais en parler à personne.

— Raconte-moi des choses ordinaires, alors, répondit Eric Blair. Moi, mes idées sont trop grandes et me font mal. J'ai besoin d'entendre des choses banales. Comprends-tu ?

Je ne comprenais pas du tout, mais son air implorant se teintait d'une détermination sans faille. Je me rendis compte qu'aucun vent ni aucune tempête ne le délogeraient du bord de la falaise si je ne lui racontais pas quelque chose. Alors je posai mon sac et m'assis dans l'herbe glacée à son côté pour réfléchir aux choses ordinaires de mon existence.

— Eh bien, à l'internat, dis-je, il y a un surveillant qui nous terrifie tous. Il insiste pour qu'on l'appelle « Grand Frère ». S'il l'était, je changerais de famille illico !

Eric Blair rit et rien n'aurait pu me faire plus plaisir.

— Il n'est pas laid du tout, continuai-je. Je suppose qu'il doit avoir du succès avec les filles. Mais son regard… Son regard ! Quand ce regard se pose sur nous, on a l'impression qu'il pourrait nous trouer de part en part. Nous brûler. Ou aspirer toute notre âme. Parfois, je rêve qu'il se poste juste à côté de mon lit, quand je dors là-bas. Dans mes pires cauchemars, il reste à m'observer à chaque instant, où que je sois.

« Le surveillant de l'internat, surnommé Grand Frère. » (Grand-papy Robert)

Monsieur Blair affichait un sourire indéchiffrable. Il paraissait avoir été transporté loin d'ici. Je voulus le ramener parmi nous.

– Oh, et vous ai-je parlé d'Emmanuel Goldstein ? m'exclamai-je. Ce pauvre garçon est la bête noire de tout le collège. C'est ce qu'on appelle un bouc émissaire, je crois. Dès qu'un conflit éclate quelque part, le coupable est facile à trouver. Un graffiti sur un mur ? Emmanuel Goldstein ! Une fuite des sujets d'histoire-géographie ? Emmanuel Goldstein ! Un plateau renversé à la cantine ? Emmanuel Goldstein ! On ne réfléchit même plus avant de le désigner. On se dit : « Il a tellement d'ennuis qu'un de plus ou de moins, après tout ! » C'est affreux, n'est-ce pas ? Le plus affreux, c'est que je n'ai jamais eu le courage de lui parler. Je ne sais même pas qui il est vraiment. S'il est noble ou lâche. Ah, c'est bien moi, le lâche. Dès lundi, je le jure, j'irai lui parler, ça ne peut plus durer !

Galvanisé par l'écoute qu'Eric Blair m'accordait, je parlai, parlai, parlai... jusqu'à ce qu'il retrouve son air absent, entre deux quintes de toux.

— Je vous raccompagne, monsieur Blair, la nuit tombe et il fait de plus en plus froid.

Une fois devant sa porte, il me prit la main qu'il serra fort.

— Reviens me voir, s'il te plaît, Robert, pour me raconter un peu de ta vie ordinaire.

J'étais légèrement vexé d'être considéré comme une personne à qui il n'arrivait que des choses ordinaires, alors que je me savais extraordinaire. De toute façon, je ne me fis pas prier, car Eric Blair me fascinait. Le week-end suivant, je me rendis chez lui dès que je pus. Et le week-end suivant, et le suivant, et encore le suivant.

« Parfois je le rencontrais aussi par hasard, lors d'une de ses longues promenades devant la mer. »
(Grand-papy Robert)

Un jour qu'il avait l'air en meilleure forme, Eric Blair proposa de nous emmener, son fils Richard et moi, en promenade sur son bateau dans le golfe de Corryvreckan.

Une fois assez loin de la rive, il cessa de ramer. Tout était calme autour de nous. Calme et magnifique. De grands oiseaux blancs décrivaient des cercles dans le ciel. La mer bleu foncé s'écrasait contre le relief escarpé de l'île. Richard jouait à tremper ses mains dans l'eau et je sentais qu'Eric Blair attendait que je raconte encore quelque chose.

— Il y a cette fille, Julia... commençai-je alors d'un ton rêveur. Elle est tellement belle qu'elle a réussi à me faire oublier, un temps, une certaine Albertine que j'ai perdue de vue. Julia, je ne la vois pas souvent, puisqu'elle est dans le bâtiment des filles, mais lorsque nous nous croisons par hasard elle me regarde à la dérobée. Enfin, je n'en étais pas tout à fait sûr, jusqu'à ce qu'un jour elle glisse un mot dans la poche de mon veston. Et sur ce mot, il y avait un lieu, une date et une heure de rendez-vous. J'étais fou de joie. Elle avait jeté son dévolu sur un quartier éloigné du lycée, là où les élèves n'avaient pas coutume de se promener. Nous nous sommes retrouvés derrière un bâtiment, à l'abri des regards, croyions-nous. J'étais prêt à lui déclarer ma flamme, quand une fenêtre au-dessus de nous s'est ouverte sur... ce fameux surveillant qui nous terrifiait ! Il habitait là. Je crois bien que jamais je n'ai eu aussi honte et peur à la fois. Nous avons détalé, Julia et moi, et depuis, eh bien, figurez-vous que nous n'avons jamais essayé de nous revoir. N'est-ce pas absurde ?

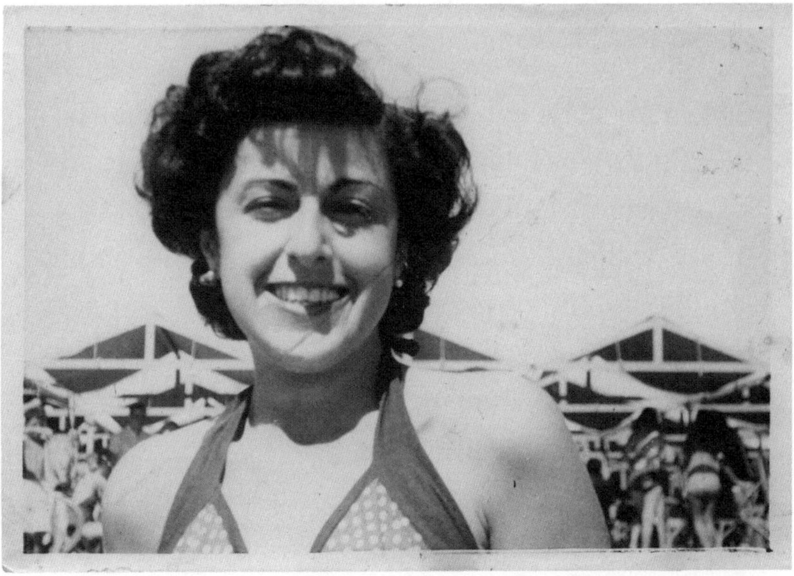

« *Julia, avec qui il ne se passa jamais rien.* »
(Grand-papy Robert)

Eric Blair éclata de rire, ce qui réjouit Richard, qui tapa dans ses mains. Comme la marée montait, Eric Blair ralluma le moteur pour nous ramener sur la terre ferme. Il explosa de rire encore une fois ou deux pendant le retour, mais une fois au sol, une quinte de toux le plia en deux. Son front était brûlant. Je dus le soutenir pour le raccompagner chez lui. Je fis mine de ne pas remarquer le sang sur son mouchoir lorsqu'il le rangea dans sa poche, mais cela m'alarma beaucoup. Je plaisantai, sur le chemin, pour ne pas inquiéter le petit Richard.

Un autre week-end, alors qu'il était cloué au lit par la fièvre, je voulus lui faire un cadeau pour lui témoigner mon admiration. Il n'y avait pas beaucoup de boutiques sur l'île, mais il en était une que j'adorais. C'était une brocante, remplie de vieilleries du sol au plafond. Les rideaux ternes laissaient filtrer une lumière pâle et sépulcrale qui rendait l'endroit mystérieux et excitant. J'y dénichai un objet que mes petites économies pouvaient me permettre d'acheter, et je courus chez les Blair pour l'offrir sur-le-champ.

Eric Blair découvrit mon cadeau, un vieux presse-papiers en verre contenant du corail, avec un ravissement qui me ravit à mon tour. Il posa sa main sur mon épaule et la serra tendrement, avant de me demander où je l'avais trouvé.

— Dans la boutique du vieux Charrington !

— Celle avec la pendule ancienne en vitrine ? Et le fourneau à pétrole en étain ?

— Oui, c'est bien ça !

On était au printemps, à ce moment-là, je m'en souviens car on entendait la femme de ménage chanter dehors tout en étendant le linge. Eric Blair l'écouta en faisant jouer la lumière au travers du presse-papiers. Il resta ainsi songeur durant quelques instants. Je le sentis repartir totalement dans ses pensées.

– Merci… dit-il enfin. Je dois réfléchir, Robert. Veux-tu me laisser seul ?

Je retournai à l'internat le lendemain, la mort dans l'âme. Eric Blair ne m'avait jamais paru aussi faible. Mais ma mère me raconta plus tard cette forme de miracle : dès ce jour-là, malgré sa fièvre, notre fascinant voisin se jeta dans une autre fièvre, celle de l'écriture. Totalement débloqué, il écrivit nuit et jour, presque sans discontinuer. Il ne voulut plus voir personne, pas même moi, ce qui me chagrina beaucoup. Puis un jour, sans prévenir, il quitta l'île avec Richard. Il avait fini son roman et n'avait plus besoin de rester aussi isolé pour traquer l'inspiration. Ma mère me transmit un message qu'il avait laissé pour moi. Sur un petit bout de papier, il avait inscrit :

Mon cher Robert, merci. Ton aide me fut précieuse.

Rien de plus. Je restai plusieurs mois sans savoir en quoi j'avais bien pu l'aider.

Mais l'année suivante, en 1949, Eric Blair fit paraître le roman qu'il avait écrit à Jura, île des Hébrides :

1984, sous son nom de plume, George Orwell. Dans ce texte qui eut un impact considérable dès sa sortie et dont on parle encore aujourd'hui, on retrouve Big Brother, Emmanuel Goldstein, le presse-papiers en verre, la boutique du vieux Charrington, mais aussi Julia. Eric Blair, ou plutôt George Orwell, s'était inspiré de ces choses « ordinaires » que je lui avais racontées pour parler de dictature, de surveillance, de réécriture de l'Histoire et d'appauvrissement de la langue. Une merveille de roman, terrifiant à souhait, tristement visionnaire. Un chef-d'œuvre.

Je peux donc dire que c'est grâce à moi, Robert Papillon, que George Orwell écrivit *1984*, en 1948.

8

— Impressionnant, dis-je, vraiment, mais... Mais tu me balades, grand-papy ! Elle ne m'apprend rien, ton histoire !

— Elle t'apprend à quel point notre pouvoir est grand.

— J'en ai marre ! Ça commence à bien faire, ces histoires que tu me racontes. Ça va durer combien de temps ? Ça rime à quoi ?

Comme chaque fois que grand-papy ne voulait pas répondre à mes questions, il baissa les yeux, s'excusa, se leva puis se dirigea vers la sortie. Mais cette fois, il eut bien du mal à m'empêcher de m'engouffrer avec lui par la porte ouverte, parce que mes forces étaient décuplées par la fureur et la frustration.

— Le motif avec les oiseaux !

C'est ce que je m'exclamai le lendemain matin en me réveillant. La nuit portait donc bien conseil, parfois ! Cela me redonna espoir en un rien de temps.

— Je sais où j'ai vu ce tissu ! dis-je à Auguste dès que je sautai dans sa chambre, après mon périple par les toits. C'était le motif de la chemise d'un des trois fripons, pendant la fête !

— L'un des trois fripons ? Il se serait déguisé en vieille dame ? Et pourquoi est-ce qu'il aurait voulu voler l'encyclopédie des pouvoirs familiaux ?

— Peut-être pour savoir si leur don pour la friponnerie se transmet depuis plusieurs générations ? Ou alors, il a obéi aux ordres des Avalanche !

Les trois fripons étaient célèbres dans toute la ville et alentour. C'étaient trois frères très proches, tellement proches qu'ils avaient choisi de vivre dans trois maisons semblables, situées les unes à côté des autres dans notre quartier.

« Nous sommes les trois fripons. Faire tout ensemble nous aimons. Mariage, études et communion. Mais surtout blagues, farces et autres inventions ! » (Les trois fripons, dans un album de mamie Rose qui les avait connus enfants)

Il ne nous fallut pas plus de trois minutes pour nous rendre devant les trois demeures des trois fripons.

— Comment savoir lequel est notre homme ? me demanda Auguste face à la rangée de maisons.

— Je ne sais pas... répondis-je.

— Et qu'est-ce que tu comptes faire si jamais on trouve le bon fripon ?

— Lui demander de rendre le livre !

Tchouki gémit (« Misère de misère, je n'ai jamais vu de plan si peu élaboré »). Ce plan peu élaboré parut pourtant convenir à Auguste. Il hocha la tête pour approuver, en ignorant la mine dépitée de Tchouki. J'hésitai, puis décidai d'aller tout bêtement sonner à la porte de la première maison.

— Non ! entendis-je hurler de l'autre côté de la porte. Non, non et non, j'ai déjà dit non !

La porte s'ouvrit brutalement, et l'un des trois fripons apparut. Le peu de cheveux qui lui restaient sur la tête étaient tout ébouriffés, et il était en tee-shirt et bas de jogging. Rien à voir avec l'élégance des costumes qu'avaient l'habitude de porter les trois hommes en ville.

— Vous allez me ficher la paix, oui ! Oh, fit-il quand il me vit. Pardonne-moi, j'ai cru que c'était encore l'huissier envoyé par ma femme. J'étais prêt à lui mettre mon poing dans la figure !

Il n'attendit pas de savoir pourquoi j'étais là et tourna les talons en grommelant, pour retourner dans son salon où s'entassaient des cartons. Ne sachant pas quoi faire d'autre, je le suivis et lui demandai :

— Hum... J'aurais voulu savoir si...

— Puisque tu es là, rends-toi utile. Prends ça et va le déposer dehors. Les déménageurs ne vont pas tarder.

Il me désigna une malle tellement énorme que je n'aurais même pas pu la déplacer d'un millimètre. Pendant ce temps, il s'agitait dans tous les sens pour scotcher un carton, en remplir un autre avec un bibelot oublié ici ou là.

— Vous déménagez ? Mais pourquoi ? Et pour aller où ?

Il s'immobilisa tout à coup et me foudroya du regard.

— Comme si tu ne le savais pas !

— Que... quoi ? Mais je vous assure que...

Auguste et Tchouki me rejoignirent à ce moment, l'air tout aussi surpris que moi par ce qui se passait ici. Le fripon rougit de fureur contenue avant d'éclater aussi fort qu'une cocotte-minute restée trop longtemps sur le feu.

— Comme si tu ne savais pas que suite à cette maudite fête, ma femme a demandé le divorce et fait ses valises dans la nuit ? Oui, ma chère, tout à fait ! Au matin, j'étais célibataire. Seul comme un chien. Impensable ! Injuste ! Insupportable ! Invivable !

Il y en avait donc qui se souvenaient pour qui et pourquoi la fête immense avait été donnée. Comment cette fête en mon honneur avait-elle pu provoquer un événement aussi triste qu'un divorce, alors que mon pouvoir bénéfique commençait normalement à faire effet ?

— Mais... il vous reste vos deux frères, tenta Auguste.

— Leurs femmes sont parties aussi. Au même moment. Un complot ! Les traîtresses ! Les bougresses ! Les tristes dames ! C'est pour ça que je déménage, figure-toi. Je ne peux plus vivre ici, avec tous ces souvenirs douloureux... Et mes deux frères font de même.

— Vous allez où ? demandai-je.

— Eh bien, dans la maison d'à côté, évidemment, où veux-tu que j'aille ?

— Oh... Et où va votre frère d'à côté ?

— Eh bien, il déménage chez mon autre frère d'à côté de chez lui...

— Qui, lui, va emménager chez vous, si j'ai bien tout compris ? poursuivit Auguste d'un ton amusé.

— Comment as-tu deviné ?

— On peut vous aider à porter vos livres, si vous voulez, proposai-je.

— Mes quoi ? Je n'ai pas de livres, moi, je n'ai jamais eu de livres, pour quoi faire, des livres ? Allez, débarrassez-moi le plancher, vous m'encombrez, vous me faites perdre mon temps, vous êtes parfaitement inutiles. Oh, et si vous croisez l'huissier, dites-lui que ma femme, enfin mon ex-femme, n'aura rien, rien de rien, nada, elle n'avait qu'à pas partir, tout ça pour une blague ! Une blague très drôle, en plus ! Ah, le manque d'humour nous perdra, c'est moi qui vous le dis !

J'empoignai un petit carton, Auguste fit de même et nous nous dirigeâmes vers la maison d'à côté. Je sonnai et criai :

— Ce sont les affaires de votre frère ! On l'aide à déménager !

La porte s'ouvrit sur un petit homme très semblable au premier, mais en pleurs — bien qu'ils ne soient pas jumeaux, au fil des ans, les trois frères avaient fini par se ressembler de façon très troublante.

— Excu... excusez-moi, bredouilla-t-il. C'est juste que... que... Oh, c'est affreux.

— Vous êtes triste à cause du départ de votre femme ?

— Oh, mon frère vous a expliqué...

— Je suis vraiment désolée, monsieur le fripon, surtout que tout a démarré pendant ma fête d'anniversaire...

— Tu peux l'être, désolée ! C'est un tel drame ! Sur qui vais-je tester mes blagues, désormais ? Sur mes frères ? Tu n'y penses pas ! Ils ont l'esprit aussi blagueur que moi, ils ne s'y laisseront jamais prendre ! Ah oui, je te le dis, un drame ! Ma friponnerie va en prendre un coup, ça, c'est sûr. Mais allez-y, entrez, déposez ça dans le salon. Mon frère a bien du courage, moi, je n'ai pas réussi à commencer un seul carton.

La maison avait exactement le même plan que la première, mais celle-ci était propre, bien rangée et pleine de vie. Des dizaines et des dizaines d'étagères contenaient l'équivalent d'un magasin entier de farces et attrapes : boîtes surprises, bonshommes sur ressort, fausses fleurs clignotantes... Mais aucun livre.

Le fripon sanglotait dans un fauteuil en forme de main, qui avait émis un bruit douteux quand il s'y était laissé tomber. Il se leva à demi pour enlever un coussin péteur de sous ses fesses et le jeta à terre avec dépit.

— Un drame, un drame immense ! se lamentait-il sans discontinuer.

Auguste me donna un coup de coude et me désigna du menton une photo dans un cadre, posée à côté d'une figurine d'homme nu aux parties intimes cachées par un tonneau.

— C'est vous quand vous étiez jeune, sur cette photo ? demandai-je.

— C'est mon frère. Ça se voit, non ?

— Celui qui déménage ?

— Vous voyez bien que c'est l'autre ! Il est dresseur d'oiseaux. C'est sa passion. Là, il déployait les ailes d'une bête pour en mesurer l'envergure. Il paraît que c'est important, l'envergure, pour savoir de quoi est capable un oiseau. Vous seriez surpris de savoir combien de pies voleuses il a dressées ! Elles savent voler les clés mieux que personne, quelle bonne blague, pas vrai ? C'est sans doute pour ça que c'est lui qui supporte le mieux cette épreuve. Il a la compagnie de ses oiseaux, lui.

Et il repartit dans une crise de sanglots.

Nous le saluâmes rapidement, et courûmes vers la troisième maison. J'y sonnai comme devant les deux autres. Cette fois, on n'entendait rien d'autre à l'intérieur que des cris et des chants de volatiles. Cela rendait Tchouki un peu nerveux (« C'est vraiment handicapant, cet instinct animal qui me rend complètement foufou à l'idée d'attraper un oiseau dans ma gueule »). La porte s'ouvrit, le fripon jeta un œil au-dehors et la referma aussitôt.

— C'est notre homme, dis-je.

— Regarde ! Il est en train de s'enfuir. Et il porte l'encyclopédie entre ses mains !

Le fripon avait emprunté une sortie à l'arrière de sa maison et courait sur le chemin qui menait aux abords de la ville, où commençait la forêt. Un aigle royal suivait le petit homme rond.

— Suivons-le !

Tout en courant à sa suite, Auguste ne put s'empêcher de ralentir en constatant :

— Il se dirige vers le manoir...

— Le manoir ? Tu veux dire LE manoir ?

Tchouki grogna. Le manoir... Celui qui nous faisait si peur. On le disait hanté et on n'osait pas s'en approcher. Il avait si mauvaise réputation que personne ne se risquait à y habiter. Alors il restait là, dissimulé dans la forêt, à se dégrader peu à peu et à laisser le vent souffler et crier entre les interstices de ses volets et de ses tuiles mal jointes.

— Une famille y habite depuis quelques jours, m'informa Auguste. Tu le savais ?

Le petit homme y courait en droite ligne. C'était bien là qu'il se rendait, sans doute possible. On avait tellement l'habitude d'éviter ce chemin qu'on ralentissait l'allure sans pouvoir faire autrement.

Soudain, une ombre s'abattit sur nous. Un voile noir nous couvrit entièrement et nous plongea dans l'obscurité totale. Un lien se resserra pour nous ligoter, Auguste et moi. Nous nous retrouvâmes l'un contre l'autre, si bien que je sentais son cœur battre la chamade. Il battait si vite qu'Auguste devait être encore plus horrifié que moi, ce qui ne me calma guère.

— N'aie pas peur, lui chuchotai-je.

— Je n'ai pas... p... peur, bredouilla-t-il. Céto, céto... C'est autre chose.

Un bruit de lutte nous parvint. Des « Ouch ! », des « Aïe ! », des « Ouillouillouille ! ». Que faisait donc Tchouki ? En temps normal, je l'aurais entendu aboyer et se battre pour nous défendre, mais là... Est-ce qu'il lui était arrivé quelque chose ? La situation me sembla durer une éternité, mais soudain le lien se desserra et la cape noire fut levée, avant de s'envoler le long du chemin. Le fripon était certainement en dessous, en train de détaler à toute allure. Pendant ce temps, un visage furieusement terrifiant et terriblement furieux était penché sur moi.

Ce n'était ni le visage d'un fantôme, ni celui d'un fripon, ni celui d'un quelconque kidnappeur d'enfants. C'était celui de Fanfan... Tchouki était sagement assis à côté d'elle, la langue pendante en la regardant. Il avait toujours eu une confiance et un amour irraisonnés envers Fanfan. Peut-être pas si irraisonnés que cela, puisque son regard signifiait : « As-tu sur toi de ces fabuleuses friandises que tu m'offres si souvent ? »

— Éva Papillon ! gronda-t-elle. Je crois que tu nous dois quelques explications, à moi, à ton père, à Rose et à Robert !

Je sentis tout le sang se retirer de mon visage.

— Je t'en prie, Fanfan, suppliai-je, ne dis rien à papa, à Rose et à Robert ! S'il te plaît !

— Quelqu'un... a essayé de nous... nous kidnapper ? Et vous... Vous... vous l'avez fait fuir ?

Auguste était estomaqué, en plus d'être une nouvelle fois aussi rouge qu'un tube de ketchup. Fanfan secoua la main d'un air modeste, comme si elle avait simplement terrassé une mouche. Puis elle me foudroya du regard.

— Tu nous as désobéi ! C'est très grave !

— Parce que je devrais me laisser enfermer sans savoir pourquoi, tout en restant bien sage ? Ce qui est grave, c'est qu'on m'emprisonne, voilà ce qui est grave !

J'étais furieuse. Fanfan me regarda un petit moment sans savoir quoi répondre, et finalement elle empoigna mon bras pour me ramener à la maison. Elle marchait à toute vitesse en me serrant contre elle. Auguste suivait, l'air de plus en plus incrédule.

— Depuis ton anniversaire, tu es en danger, Éva, expliqua finalement Fanfan.

Elle jetait des coups d'œil furtifs à droite et à gauche, se raidissant lorsqu'un des passants lui paraissait suspect.

Je frissonnai.

— C'est pour ça que vous m'enfermez ? Pour me protéger d'un grand danger dont vous ne voulez même pas me parler ?

— On doit partir d'ici, répondit-elle. On déménage demain après-midi !

— Quoi ? s'exclama Auguste. Vous allez quitter la ville ? Pour aller loin ?

— On est obligés, mon petit Auguste. C'est comme ça dans la famille Papillon. Ils ne peuvent jamais rester très longtemps au même endroit, hélas.

Il nous suffisait désormais de bifurquer pour nous trouver dans notre rue. Je stoppai brusquement et plantai mon regard dans celui de Fanfan.

— Demain... ? Mais pourquoi est-ce qu'on doit fuir ?

— La famille Avalanche nous a repérés, répliqua Fanfan. Voilà pourquoi on doit fuir. C'est toi et ton pouvoir qu'ils visent. Regarde, ils viennent d'essayer de te kidnapper !

— Ce sont eux, les nouveaux habitants du manoir ?

— Tout porte à le croire, oui.

Auguste regardait le sol. Je crois que s'il m'avait regardée dans les yeux, j'y aurais vu toute sa tristesse.

Tchouki se colla contre lui pour le consoler. Je tentai de me calmer, pour que la situation n'empire pas.

— D'accord, Fanfan. Je comprends que je risque d'être kidnappée par les Avalanche. Je n'essaierai plus de m'enfuir, promis ! Mais s'il te plaît, ne dis rien à papa, ni à Rose, ni à Robert. Je t'en prie, je ne veux pas qu'ils soient en colère contre moi !

— J'espère que c'était la première fois que tu faisais ça. Sortir sans nous le dire.

— Bien sûr, Fanfan ! Comment aurais-je pu échapper à votre vigilance plus d'une fois ? C'est impossible.

Auguste me jeta un regard admiratif qui voulait dire : « Waouh, tu mens super bien ! » Fanfan soupira, et se résigna.

— Bon, alors... c'est d'accord. Il est vrai que ton père est suffisamment inquiet comme ça. Je vais donc rentrer seule, et toi, tu vas réintégrer ta chambre par le moyen le plus discret. Visiblement, tu en connais un. Mais je te préviens, si dans un quart d'heure tu n'y es pas, j'alerte toute la maison !

— J'y serai, ne t'inquiète pas, Fanfan, et merci !

Je me jetai dans ses bras et elle me serra fort. Je ne pourrais jamais me passer d'elle, c'était certain. Elle nous quitta, bifurqua, disparut, et nous attendîmes quelques minutes avant de nous faufiler chez Auguste, pour que je reprenne mon périple par les toits.

Mais cette fois, avant de progresser à quatre pattes sur l'échelle posée entre nos deux maisons, Auguste me tint les mains et murmura :

— Tu ne vas pas vraiment partir, n'est-ce pas ?

— On dirait bien que si…

— Mais je ne veux pas, moi !

— On restera en contact, je te le promets. Je réussirai bien à convaincre papa de m'offrir un smartphone, quand même !

Je me lançai sur l'échelle après ces quelques mots que je croyais rassurants. J'ajoutai, une fois sur les toits :

— Hey, il me reste encore demain matin ! Si on est super prudents, genre assez prudents pour que je ne me fasse pas kidnapper… j'irais bien au manoir pour retrouver le livre que le fripon y a apporté tout à l'heure.

Le visage d'Auguste s'éclaira.

— Super idée !

9

Le soir même, grand-papy Robert vint me voir avec un air très préoccupé, pour m'annoncer le déménagement. Je dus jouer la surprise, puisque je n'étais pas censée avoir vu Fanfan dans l'après-midi.

Il m'expliqua qu'il n'aurait pas le temps de me raconter une histoire, cette fois, parce qu'il devait emballer toutes ses affaires. Et il y en avait un sacré paquet. Il me laissa des cartons, pour que je fasse pareil.

Je n'en avais aucune envie.

Une photo dans un cadre posé sur la commode sembla alors vibrer d'émotion. Je crus entendre la petite fille de l'image me parler...

« Ce qui t'arrive est vraiment trop nul, Éva.
Enfermée, obligée de déménager...
Je serais toi, je n'aurais qu'une envie :
laisser tout tomber, et juste bouder. »
(Mon arrière-arrière-grand-mère, à quatre ans)

Le lendemain matin, à peine mon petit-déjeuner avalé, je me précipitai sur les toits.

Je trouvai Auguste légèrement différent, ce matin-là, les yeux un peu rouges et le sourire incertain, mais j'étais trop excitée par la petite enquête que je comptais mener pour m'en préoccuper plus longtemps.

Son air me rappela pourtant, en un flash, un cliché que j'avais de lui, coincé entre deux livres.

« J'aurais pourtant aimé que tu fasses un peu plus attention à moi, Éva, je dois bien le dire... »
(Auguste, le jour de ses dix ans)

— Tu veux vraiment y aller ? me demanda Auguste. Même si tu sais que ces gens veulent te kidnapper ?

— On va être très prudents ! assurai-je. Si je n'essaie pas de retrouver cette encyclopédie, je m'en voudrai toute ma vie. Je VEUX savoir la fin de la phrase que j'ai lue. Je suis sûre que ça m'apprendra qui était ma mère. Et puis, je veux savoir ce qui est arrivé à madame Feuillette ! On doit découvrir ce qu'ils ont fait d'elle.

Nous traversâmes la maison en trombe, Tchouki à nos trousses. Nous filâmes vers la clairière où se trouvait le manoir. La bâtisse avait toutes les apparences d'une demeure habitée. Je ne l'avais jamais vue ainsi, avec les volets ouverts, des rideaux aux fenêtres, et même des pots de fleurs posés sur les rebords. Un jardinier au chapeau de paille à larges bords était en train de tailler les troènes pour que leurs sommets forment une belle ligne horizontale, à hauteur des murs qui entouraient la propriété. Il se retourna, nous vîmes son visage : c'était le fripon !

Nous nous cachâmes derrière des arbres, puis contournâmes la maison pour ne pas être vus de l'entrée principale. Une petite porte verte en bois s'inscrivait dans l'enceinte du jardin. Un corbeau, juché sur le mur, croassa à notre approche. Tchouki aboya en retour (« Comment peut-on être aussi grossier, monsieur le corbeau ? Nous insulter de la sorte alors que nous venons en amis ? Tss, tss... »).

— On fait quoi, maintenant ? s'inquiéta Auguste.

J'essayai d'ouvrir la petite porte, mais elle était fermée. Et puis, même si elle avait été ouverte, comment est-ce qu'on aurait pu entrer ensuite dans cette maison impressionnante ? Nous nous assîmes sur une souche d'arbre, un peu découragés, Tchouki à nos pieds, sous le regard du corbeau aux yeux d'un noir profond. Je me creusais la tête pour chercher une solution, quand nous vîmes réapparaître le fripon sur l'un des balcons. Il s'était changé. Désormais vêtu d'une livrée de majordome, il brandissait un plumeau pour dépoussiérer la rambarde.

— Cache-toi ! chuchotai-je. Toi aussi, Tchouki.

Nous sautâmes derrière la souche.

— Crôa, fit le corbeau d'un air moqueur.

Trois autres corbeaux arrivèrent alors, pour se percher à divers degrés de la maison. On aurait dit des sentinelles. Juchés sur des branches, deux hirondelles, trois moineaux, un rouge-gorge et un rossignol se tenaient à bonne distance. Le rossignol partit dans un trille à la mélodie compliquée, mais l'un des corbeaux fondit sur lui pour le réduire au silence. Un combat s'ensuivit, plein de plumes volées, de croassements et de cui-cui déchirants. Pour finir, le rossignol inanimé fut emporté au loin dans le bec de son assassin. Auguste et moi étions pétrifiés.

— Crôa, refit le corbeau.

Je lui jetai une pierre, il s'envola pour l'éviter et alla se jucher sur le balcon où se trouvait le fripon l'instant précédent. Les trois autres le rejoignirent aussitôt, braquant tous leurs yeux sur nous.

— Qui a jeté cette pierre dans mon thé ? gronda quelqu'un dans le jardin.

Une jeune fille venait d'ouvrir la petite porte verte. Elle avait à peu près mon âge, était aussi blonde que j'étais brune, avec les cheveux longs, un teint d'opale et une robe en coton bleu. Je la trouvais belle, gracieuse et élégante... tout le contraire de moi. En tout cas, c'était ce que je pensais. Son beau regard d'azur s'ouvrait grand comme la mer. Elle avait l'air parfaitement inoffensive, alors je me levai.

— Désolée, avançai-je. On ne savait pas qu'il y avait quelqu'un derrière le mur. Je voulais juste chasser ce corbeau qui se moquait de nous et... pardon.

— Oh, si c'était pour chasser cet oiseau de malheur, je peux comprendre. Je n'en peux plus de ces volatiles... Oh, quel beau chien que voilà !

Tchouki grogna de plaisir, puis releva une oreille (« N'allez pas croire néanmoins qu'un seul petit compliment est capable de relâcher ma vigilance légendaire, jeune fille »). Puis elle nous dévisagea avant d'ajouter :

— Vous voulez partager mon thé avec moi ? Je ne connais encore personne ici, et puis je suis toute seule, ma famille est partie pour la journée, alors... ça me ferait plaisir.

Toute seule ? Je jetai un coup d'œil au balcon. Le majordome ne s'y trouvait plus. Il devait être occupé à épousseter une étagère ou le dessus d'une armoire. Je décidai de saisir l'opportunité.

— C'est d'accord... ! répondis-je.

Auguste me lançait des éclairs avec les yeux. Il pensait que je n'étais pas assez prudente. Mais qui ne tente rien n'a rien !

Sur la pelouse fraîchement coupée, un petit salon de jardin en fer forgé peint en blanc avait été installé, et cette fille semblait y jouer à la dînette, même si elle était beaucoup trop âgée pour ça. Elle versa de l'eau dans un bol pour Tchouki et du thé dans les tasses de porcelaine, qu'elle nous tendit en penchant légèrement la tête et en levant un petit doigt. Attablée auprès d'Auguste, je sirotais en m'efforçant de ne pas grimacer.

— Non, pas de lait, merci, précisa Auguste.

Le regard de la fille s'attardait désormais sur lui, ce qui me procura une démangeaison désagréable du côté gauche du sternum.

J'aurais pu deviner plus vite ce que je ressentais, parce que j'avais vu peu avant, en compagnie de mamie Rose, un vieux film où une petite fille éprouvait exactement la même chose...

— Tu habites ici depuis quand ? lui demandai-je pour attirer son attention, et surtout la détourner d'Auguste.

— La semaine dernière. Tout était si délabré que maman a dû employer une armée d'artisans pour tout remettre à neuf. Mais elle a eu un coup de cœur pour ce manoir, alors...

Le corbeau tournait au-dessus de nous. Tchouki le regardait avec défiance.

— Elle fait quoi, ta mère ? demanda Auguste.

— Comme métier, tu veux dire ? C'est une grande femme d'affaires. Elle possède des tas d'entreprises de par le monde. On est venus ici parce qu'elle veut superviser une de ses manufactures. C'est une usine qui fabrique des exhausteurs de goût pour des aliments destinés aux corvidés du Mexique et aux chiens de montagne des Pyrénées.

— Et... pourquoi y a-t-il autant de corbeaux par ici ? demanda Auguste d'un air inquiet — les corbeaux étaient encore là à nous scruter.

— Ma mère en est folle, allez savoir pourquoi ! C'est une passion héritée de mon arrière-grand-mère. Je suis la seule de la famille à ne pas les supporter. De toute façon, je déçois tout le monde, alors...

Elle se tut pendant quelques secondes.

— Heureusement, reprit-elle, ma mère a déniché ce drôle de petit homme qui sait dresser les oiseaux. Elle l'a engagé illico, comme tous les gens qui pourraient lui être utiles. Il est plutôt drôle et, en plus, il sait si bien s'y prendre qu'il a réussi à faire parler l'un des corbeaux. Personne dans la famille n'y était encore arrivé. Vous saviez que ces bestioles peuvent parler encore mieux que des perroquets ?

— Le fripon ? On l'a vu en tenue de majordome, fit remarquer Auguste. Et en jardinier, aussi.

— C'est comme ça que vous l'appelez, le fripon ? Ça lui va bien ! répondit-elle avant de boire une gorgée de thé avec un raffinement étudié. En fait, tous les employés de ma mère exercent des fonctions diverses et variées. Comme ça, elle a besoin de moins de monde autour d'elle, et ça fait moins de gens de qui se méfier.

— Et ton père, il est où ? demandai-je.

Un nouveau voile de tristesse se posa sur les yeux de la fille.

— Parlons plutôt des choses intéressantes, éluda-t-elle. Je m'appelle Coline ! Coline Avalanche. Et vous ?

C'était donc bien une Avalanche ! Je me raidis... et la peur m'envahit soudain. Entendre ce nom me fit réaliser d'un coup les risques que je prenais en étant là.

— Hum... Nous devons partir, désolée, dis-je en me levant.

— Non, pas déjà ! S'il vous plaît, venez un peu dans ma chambre ! Ça me ferait tellement plaisir. Pas longtemps, promis.

Tchouki se leva comme s'il avait été monté sur ressort. Il n'attendait que le signal de départ (« Ces corbeaux me mettent intensément mal à l'aise, je dois bien le dire »). Coline avait l'air vraiment triste.

— S'il vous plaît. Pas longtemps.

Auguste me regardait, indécis. Je me dis alors que c'était sans doute mon unique chance de retrouver le livre, ou bien un indice pour savoir où était madame Feuillette.

– Bon... d'accord, concédai-je. Mais pas longtemps, hein !

Elle me prit les mains en sautillant.

– Génial, merci ! Entrez, entrez !

Elle s'engouffra dans le manoir. Je pris la main d'Auguste pour l'inciter à la suivre. Il semblait avoir perdu toute énergie. Je me pris à espérer qu'il ne couvait pas une grippe.

La fraîcheur du lieu tomba comme une douche sur nous dès que nous passâmes le pas de la porte. Les volets entrebâillés laissaient filtrer des rais de lumière blême qui se couchaient sur l'escalier de marbre, sur les murs ternes, sur des meubles et objets hétéroclites. Ils provenaient d'époques différentes, comme chez moi, mais l'ensemble était beaucoup moins joyeux et rassurant.

Vraiment beaucoup moins !

Je détaillai un crocodile empaillé, gueule ouverte ; une horloge aux aiguilles en forme d'os (véritables ?) ; une cotte de mailles percée de trous de lame ; des armes de toutes sortes, blanches ou noires, des fusils et des dagues ; des casques de poilus défoncés par des obus ; des pinces ou des molettes dentées dont je n'aurais pas aimé connaître l'usage ; des tableaux inquiétants signés Brueghel l'Ancien, et, gulp ! des papillons morts aux ailes épinglées, mis sous verre et encadrés...

Auguste approcha la main d'un corbeau empaillé, perché sur le dossier d'une chaise décorée de cristaux en forme d'épées. Mais le corbeau bougea ses ailes et s'envola dans un croassement, ce qui me fit sursauter, et provoqua un cri d'effroi chez mon ami.

J'avisai aussi une plate-forme en bois surmontée de deux poteaux. Je m'avançai pour en voir le sommet. Une lame oblique était insérée entre les montants de bois.

— Une guillotine, murmurai-je en frissonnant.

Auguste ouvrait des yeux effarés sur ce décor, et agrippa mon tee-shirt pour m'attirer vers la sortie. Mais Coline bondit vers nous.

— Ne faites pas attention à toutes ces vieilleries. Les membres de ma famille sont persuadés que ce sont nos ancêtres qui ont provoqué la création de tous ces objets. Vous entendriez l'histoire folle concernant Romarin Avalanche... Ce serait à cause de lui que la guillotine aurait été inventée. N'importe quoi ! Je ne sais pas pourquoi ils racontent tout ça. Mais s'il vous plaît, ne repartez pas.

Elle joignit les mains pour nous supplier. Des larmes commençaient à pointer au bord de ses cils. Quant à moi, j'étais de moins en moins rassurée. Les points communs entre les Avalanche et les Papillon commençaient à me mettre très mal à l'aise.

— Bien sûr qu'on reste, Coline, dis-je malgré tout en rassemblant mon courage. Montre-nous ta chambre !

Autant aller jusqu'au bout, puisqu'on était là...

— Génial ! Suivez-moi, elle se trouve à l'étage.

Elle s'élança dans les escaliers. J'eus le temps de m'arrêter sur les photographies affichées sur les murs le long des marches en colimaçon. Je découvris une famille... comment dire ? étrange, et qui donnait aux enfants des jouets, disons... inhabituels.

Bon, c'était peut-être parce qu'à l'époque, on n'avait pas encore inventé les peluches toutes douces – il faut toujours essayer de comprendre les mœurs étranges. Les photos suivantes auraient pu être des illustrations parfaites de *L'Influence des jouets d'enfants sur le psychisme des adultes*, ce bouquin de pédopsychologie qui traînait quelque part chez moi, et que j'avais lu lors d'un moment d'ennui vertigineux.

— Brrrr, fit Auguste, plus pâle qu'un fantôme.

Moi, je pensais que Tchouki avait bien fait de rester dans le jardin.

10

La chambre de Coline n'avait rien à voir avec le reste de la maison, à croire qu'elle se trouvait dans une dimension différente. C'était un havre de lumière et de sérénité. Un lit à baldaquin jouxtait une coiffeuse à miroir ovale, des fleurs fraîchement coupées étaient fixées au cadre du lit, et enfin des photos de chats mignons étaient punaisées aux murs, ainsi que des citations de philosophes et de moines bouddhistes incitant à prendre la vie du bon côté, tout en restant tourné vers les autres.

Coline, d'ailleurs, se tourna vers nous.

— Vous vous sentez mieux ici que dans le vestibule ? s'enquit-elle avec inquiétude.

— C'est le moins qu'on puisse dire, répondit Auguste, enfin un peu moins pâle qu'un fantôme.

— Tu vis seule ici avec ta mère ? demandai-je. Et avec le fripon ?

D'ailleurs, où était-il passé, celui-là, depuis qu'on l'avait vu sur le balcon ?

— Avec ma mère, mon grand-père et mon arrière-grand-mère, répondit Coline.

— Et ton père ? tentai-je une nouvelle fois.

Comme plus tôt dans le jardin, son regard se flouta et les paillettes qui s'y trouvaient s'éteignirent d'un coup.

— Mon père... répéta-t-elle. Venez, asseyez-vous sur le lit. Je vais vous montrer qui était mon père.

Elle ouvrit un tiroir sous la coiffeuse et en tira un album de photographies à la couverture capitonnée, rouge à liseré doré. Après s'être assise près de moi, elle posa l'album sur ses genoux et l'ouvrit avec précaution.

— Je n'ai malheureusement aucun souvenir de mon père. D'après ma mère, il s'est volatilisé juste après ma naissance, ce qui est une raison suffisante pour ne plus en parler. Je crois qu'elle lui en veut terriblement et, du coup, c'est un sujet tabou. Je peux aussi peu en parler que de Voldemort dans *Harry Potter*.

Elle eut un petit rire mélancolique, puis commença à tourner les pages.

— Je connais toute l'histoire de ces photos, d'après ce qu'ont bien voulu m'en raconter mon grand-père et mon arrière-grand-mère.

« Mon père est juste
derrière cette porte.
Il a deux ans.
Il se cache car,
depuis qu'il est bébé,
il a un peu peur des
animaux. Spécialement
ceux qui portent
des vêtements d'humains. »
(Coline Avalanche)

« Mon père a vingt ans. Il est chargé
de distribuer le courrier chez Fedex, à Memphis.
Le patron méprise son personnel et surtout sa secrétaire.
Mon père la prend en photo, pour la consoler et lui prouver
qu'elle existe. » (Coline Avalanche)

« Mon père a vingt-cinq ans.
Il fait ses emplettes dans un grand magasin,
pendant un voyage à San Francisco. Il choisit le pantalon
orange, là, à gauche, au tout premier plan… alors qu'il a toujours
détesté la couleur orange. » (Coline Avalanche)

— Heu, hasarda Auguste, est-ce qu'il y a une photo où on le voit vraiment, ton père ?

— Mais on le voit vraiment, regarde, là-bas, derrière la rangée de pantalons, c'est lui.

— Oui mais non, insista Auguste, on ne voit pas son visa...

Je lui donnai un coup de coude dans les côtes pour qu'il se taise. J'étais de plus en plus troublée. Comment se faisait-il que l'album de Coline ressemblait tant au mien ? On lui cachait le visage de son père, de la même façon qu'on me cachait à moi celui de ma mère.

Finalement, Coline ferma l'album brutalement, l'air gênée et agacée.

— Et si on écoutait de la musique ? fit Coline. Vous aimez quoi, vous ?

Je n'avais aucune envie d'écouter de la musique. L'heure tournait et je devais retrouver le livre.

— Est-ce que vous avez une bibliothèque dans ce manoir ? voulus-je plutôt savoir.

— Une bibliothèque ? Non, il n'y en a pas, à ma connaissance.

— Ou bien un endroit avec des livres ?

— Oh, des livres, il y en a de-ci, de-là. Pas d'endroit particulier. Et moi, je préfère lire sur tablette, c'est moins lourd.

— Et le majordome ? Il a une pièce à lui, ici ?

— Non. Il ne vient que pour travailler. Mais pourquoi toutes ces questions, à la fin ?

J'éludai d'un geste et lui proposai de me faire visiter la maison.

— Tu ne préfères pas rester ici ? Les autres pièces sont sinistres, rétorqua-t-elle.

Je commençai à m'impatienter. Je savais que ma famille m'attendrait pour le repas de midi, et qu'ensuite nous partirions de cette ville. En désespoir de cause, je lui demandai où se trouvaient les toilettes.

— Au fond du couloir à droite, me répondit-elle en portant la seconde suivante un regard brillant sur Auguste.

Je dus faire un effort phénoménal pour quitter la chambre et les laisser tous les deux seuls dans la pièce. Le cœur lourd, je longeai le couloir en essayant d'ouvrir chaque porte. J'espérais tomber sur le bureau de la mère ou celui du grand-père ou celui de l'arrière-grand-mère de Coline, car l'un d'eux avait forcément commandité le vol du livre auprès du fripon. Sinon, pourquoi l'aurait-il transporté jusqu'ici ?

Derrière la première porte, je ne trouvai qu'un réduit rempli de chaussures, chaussons, chaussettes, cirage et chiffons. Derrière la deuxième, c'était une salle de bains aux robinets dorés et à la baignoire aux pieds en forme de lion. Et quand j'entrebâillai la troisième, deux corbeaux s'échappèrent par l'ouverture. Ils s'envolèrent dans la cage d'escalier, se posant sur la rambarde. Je fus terrifiée à l'idée qu'ils se mettent à croasser, ce qui avertirait Coline ou le fripon de ma curiosité. Mais ils restèrent silencieux, à m'observer, comme dans l'attente de ce que j'allais bien pouvoir faire.

Je leur tirai la langue et, d'un geste rapide, j'ouvris la porte, m'engouffrai à l'intérieur et refermai avant que d'autres oiseaux ne puissent s'enfuir.

Des dizaines de corbeaux, gros ou petits, emplissaient une grande pièce, sous une verrière. Des perchoirs avaient été installés là, côtoyant un bureau en bois précieux poussé dans un coin, un large fauteuil à roulettes et des rayonnages remplis de boîtes d'archives. Tous ces meubles et objets étaient constellés de petites crottes d'oiseaux. Cette volière avait certainement été installée là dans l'urgence.

Je songeai que si j'avais eu un livre à cacher, je lui aurais sans doute trouvé une place ici, parce que personne n'est très à l'aise à l'idée d'entrer dans une pièce pleine de ces oiseaux inquiétants. Je plaçai mon bras sur mon front pour éviter qu'un volatile n'ait l'idée de planter ses serres dans mes yeux, et j'avançai vers le bureau. Assise du bout des fesses sur le fauteuil pivotant tout crotté, j'ouvris chaque tiroir pour l'inspecter. J'y trouvai des clés, un vieux paquet de biscuits tout ramollis, des mouchoirs et des tas de stylos, mais rien d'autre. Je me dirigeai vers les boîtes d'archives que je soupesai pour voir si elles pouvaient contenir un ouvrage aussi lourd que l'encyclopédie des pouvoirs familiaux. Mais aucune ne faisait le poids.

Cinq corbeaux s'envolèrent soudain pour une raison mystérieuse. L'un d'eux avait peut-être des fourmis dans les pattes et avait alors lancé à ses copains : « Allez, les gars, on change d'endroit, OK ? » Quoi qu'il en soit, la nuée d'oiseaux chercha une nouvelle place et laissa ainsi à découvert quelque chose que je n'avais pas pu voir auparavant : entre deux meubles remplis d'archives, une porte trouait le mur. Une petite porte discrète et inattendue, à moitié dissimulée derrière un rideau, où s'accrochaient les serres des oiseaux une seconde plus tôt.

J'essayai de l'ouvrir. Sans succès. Elle était verrouillée. Je commençai à paniquer un peu. Coline allait commencer à se dire que ça faisait bien longtemps que j'étais aux toilettes. Pourtant, je devais absolument ouvrir cette porte. Mon intuition me disait qu'elle cachait quelque chose d'important. Où pouvait bien se trouver la clé ?

Un corbeau croassa, attirant mon attention. Quelque chose de brillant accrocha un rayon de soleil pour m'éblouir. La clé ! Les corbeaux sont comme les pies, ils adorent s'emparer de ce qui n'est pas à eux, surtout quand ça brille. Je m'approchai du volatile pour lui prendre son butin, mais il s'envola juste à temps pour m'en empêcher. Ce manège se répéta trois fois. J'aurais pu en pleurer. Mais soudain, une idée ! Je sortis une pièce de ma poche et me mis à la lustrer avec le bas de mon tee-shirt, pour qu'elle brille le plus possible. Puis je la tendis devant le corbeau, dont les yeux noirs et ronds s'agrandirent subitement. Bingo ! Comme je l'avais calculé, il lâcha la clé pour s'emparer de ma jolie pièce dorée. Je me précipitai à terre avant qu'un autre volatile ne saute sur la clé, et enfin je pus l'insérer dans la serrure de la porte mystérieuse.

Je découvris le début d'une galerie qui semblait vaste et profonde, mais surtout très sombre. Heureusement, il y avait, accrochée à hauteur d'adulte, une lampe frontale comme celles que portent les spéléologues. J'enserrai ma tête avec l'élastique et hasardai prudemment un pas dans la galerie, quand soudain je perdis l'équilibre. On venait de me pousser brutalement dans le dos !

Je faillis m'étaler par terre et m'écorcher gravement genoux et paumes de mains, mais je réussis à me rattraper au mur. Je me rétablis et me retournai pour voir qui avait pu me jouer ce mauvais tour. J'eus le temps de voir quelqu'un qui refermait la porte précipitamment. Et ce quelqu'un, c'était... Auguste !

Auguste ?

Je me jetai sur la porte pour la frapper de toutes mes forces.

— Auguste ! Mais à quoi tu joues ? Ouvre-moi ! Ouvre cette porte, enfin !

— Je... Je suis désolé, Éva. Vraiment désolé.

— Auguste ! Mais qu'est-ce qui te prend ? Ouvre-moi !

— Inutile de crier comme ça, fillette. Il est trop tard, maintenant.

Je sursautai en entendant cette voix guillerette prononçant ces mots graves, derrière moi. Un coup d'œil vers le fond de la galerie m'apprit que c'était le fripon-majordome qui se trouvait là, portant un sourire inquiétant sur les lèvres et une torche à la main. Les flammes dansaient sur les marches d'un escalier qui descendait derrière lui, vers l'obscurité la plus complète.

— Suis-moi, reprit-il sur le même ton que s'il s'apprêtait à me faire visiter Disneyland. Tu n'as pas le choix, de toute façon, n'est-ce pas ? Tu ne vas quand même pas mourir de faim et de soif en attendant que cette porte s'ouvre ? D'autant qu'elle risque de ne jamais s'ouvrir.

Il éclata de rire comme après une bonne blague. On ne change pas un fripon à l'humour déplorable. Je le suivis en restant à distance respectable. J'avais vraiment envie de pleurer de dépit, d'incompréhension et de trahison. Qu'est-ce qui avait pris Auguste ? Où était Coline ? Qu'est-ce que j'allais devenir ? Et comment ma famille allait-elle prendre mon retard au déjeuner ?

Nous descendîmes longtemps, et plus nous descendions, plus je frissonnais. La fraîcheur des entrailles de la Terre pénétrait jusque dans mes os. Par moments, j'étais frôlée par ce que je croyais être des oiseaux entrés là en même temps que moi, mais je compris rapidement qu'il s'agissait en réalité de chauves-souris.

— On va où ? tentai-je.

— Au fin fond du ventre d'une baleine, répondit le fripon d'une voix sépulcrale avant d'exploser une nouvelle fois de rire.

Il commençait à m'énerver.

— Ou peut-être qu'on va te jeter dans un gouffre très très profond, va savoir !

Il rit encore plus fort.

Pour ne pas sombrer dans le désespoir, je me rappelai cette photo scotchée sur la poubelle de la cuisine, à la maison :

« Les gouffres mènent parfois aux miracles, tu sais, ma petite Éva. Garde espoir ! »
(Mon arrière-arrière-grand-père, neuf ans, en vacances à Lourdes avec ses parents et des amis de ses parents)

Enfin, il afficha un air sérieux.

— Parce qu'ils avaient besoin de mes compétences en matière d'oiseaux. Et que j'avais besoin d'argent à cause du départ de ma femme, dont le salaire était bien utile pour subvenir aux besoins de mes oiseaux. Mais une fête immense et stupide a provoqué sa fuite et m'a précipité dans la précarité, la solitude et le petit banditisme.

J'aurais préféré qu'il continue sur le mode de la blague idiote, en fin de compte.

— Et puis, n'est-ce pas, j'adore faire le larbin, c'est un vice que j'ai depuis tout petit.

Et hop, encore ce rire énorme.

Renfrognée, je ne dis plus rien jusqu'à ce que nous arrivions tout en bas des marches. Là, le fripon chercha dans ses poches, en sortit une clé, ouvrit une lourde porte en métal, m'invita à la passer avant lui... mais ne me suivit pas. À la place, il referma la porte, CLONG ! et j'entendis le bruit sinistre de la clé dans la serrure.

— Je te souhaite une excellente après-midi dans cette suite de luxe ! lança le fripon dans un nouvel éclat de rire.

J'étais enfermée dans ce qui avait tout l'air d'une cellule.

Une cellule humide, sombre et froide.

11

Mais qu'est-ce qui venait d'arriver, au juste ?

Assise sur le matelas aux ressorts inconfortables, je ne cessai de me répéter « C'est pas possible. Ça ne peut pas être possible ! »... J'étais de nouveau enfermée, exactement comme je l'étais chez moi. C'était rageant, énervant, irritant, insupportable ! En plus, mes conditions de détention étaient bien pires. Je n'avais pas le réconfort de mon lit douillet, de ma bibliothèque, de mon doudou de quand j'étais petite, ni d'aucune de mes affaires rassurantes. Et je n'aurais pas la visite de grand-papy ce soir. Est-ce qu'on allait me laisser mourir ici de solitude et d'ennui ?

Mais qu'est-ce qui avait bien pu se tramer dans la tête d'Auguste pour qu'il me tende un tel piège ?

« Comment as-tu pu me trahir de la sorte,
toi qui te disais mon ami ?
– Darling, je t'expliquerai, ne t'énerve pas.
– Que je ne m'énerve pas ? Mais réfléchis deux minutes, espèce de goujat, ne vois-tu pas qu'il s'agit de ma liberté ?! »

Je tournai en rond pendant des heures et finis par m'endormir, enroulée dans un duvet plié sur le matelas, qui se révéla très chaud, heureusement. Je m'y pelotonnai entièrement, de peur que des rats ne viennent me grignoter le nez, les oreilles ou le bout des doigts.

Je fus réveillée, je ne sais combien de temps plus tard, par un mince rai de lumière qui s'était frayé un passage par une meurtrière tout en haut d'un mur. Je n'étais pas descendue si profondément que je ne l'avais cru dans les entrailles de la Terre, puisque l'ouverture se trouvait au niveau du sol. Et puis ma cellule avait quand même un petit peu de confort. Elle comportait une table, une lampe, une chaise, une minuscule cabine de toilette avec WC et lavabo, et même un tapis moelleux sur le sol.

Mais aucun livre pour me distraire, aucun ordinateur, et rien pour écrire.

J'avais deux options : me lamenter, ou bien tenter de trouver une solution pour m'évader. Je choisis la première durant deux secondes et demie environ, avant de me reporter sur la seconde le restant du temps. Je me creusai la tête en allant et venant dans ma cellule... et en me demandant quand on allait enfin m'apporter à manger. Je mourais de faim. Et impossible de réfléchir le ventre vide !

La porte grinça à ce moment précis. Le fripon apparut, un plateau entre les mains et un sourire moqueur sur les lèvres. Mon cœur se serra en songeant à la même scène, ces derniers jours, avec un membre de ma famille à la place de ce petit homme rond et insupportable... J'eus la tentation de me jeter sur la porte pour m'enfuir, mais je trouvai plus sage d'évaluer la situation : le fripon était seul et portait un trousseau de clés dans la main.

— Pourquoi est-ce que je suis ici ? demandai-je alors qu'il posait le plateau sur la table.

— Sans doute parce que c'est ton destin, rigola-t-il en se pensant très spirituel.

— Même quand il s'agit d'enfermer une fille de treize ans à peine, vous ne vous posez pas plus de questions que ça ?

Il soupira et son sourire dégringola subitement.

— La seule question que je me pose, c'est pourquoi ce travail est si peu amusant. On me demande rarement des choses drôles. Imagine un peu : je n'ai même pas le droit de plaisanter avec mes employeurs, sous peine d'être licencié. Et même pas avec les corbeaux que je dresse ! Cela donne des corbeaux lugubres et sans pitié. Ce manque de fantaisie commence vraiment à me peser.

« D'accord, me dis-je, ce fripon ne vaut pas beaucoup mieux qu'un chimpanzé qui se regarde le nombril. »
(Photo prise par grand-papy Robert lors d'un voyage en Afrique équatoriale)

— Avec moi, vous pouvez plaisanter, si vous le souhaitez, dis-je avec compassion. Cela ne me dérange pas. Enfin presque pas.

Il se tourna vers moi avec un air assez peu blagueur.

— Je le sais bien qu'avec toi, je peux, et c'est ce que je fais depuis hier, mais tu n'es pas un excellent public. Tu es presque un pire public que mon ex-femme, c'est dire.

Et voilà ce qu'on récolte quand on essaie d'être gentille ! Mais soudain, une lueur vacillante s'alluma dans ses pupilles.

— On m'a tout de même demandé de faire quelque chose d'un peu rigolo aujourd'hui avec toi, dit-il. Suis-moi.

Avant de sortir de la cellule, il prit soin de bander mes yeux avec un foulard noué derrière ma tête et de menotter mes mains derrière mon dos. Il devait m'avertir chaque fois qu'il y avait une marche, pour que je ne me casse pas la figure. Ce qui était sûr, c'était qu'on descendait encore et encore, et qu'il faisait toujours plus frais. Puis on marcha, tourna, retourna, bifurqua, grimpa quelques marches, en redescendit d'autres, et enfin il ôta mon bandeau et mes menottes.

Nous étions dans une cave immense creusée dans la roche humide. Des torches étaient fixées aux murs, jetant des ombres dansantes sur la voûte en ogive et sur des banquettes taillées dans la pierre. Mais plus étonnantes encore étaient les installations qui remplissaient la salle. Cela ressemblait à un parcours pour billes ou chutes de dominos, façon montagnes russes complexifiées par des équipements tout enchevêtrés. Ils rappelaient aussi bien des instruments de torture médiévaux en cuir et métal que des paillasses de chimiste avec tubes tournoyants.

— J'ai élaboré ce circuit à la demande de madame Avalanche, expliqua le fripon avec enthousiasme. C'est pour te tester.

— Me tester à quoi ?

— C'est pour tester ton pouvoir à provoquer le chaos. Je suppose que tu connais la théorie du chaos ?

— Vous voulez dire... l'effet papillon ?

— Chut ! Cette expression est formellement interdite dans cette demeure et ses souterrains. Si madame Avalanche l'entendait, elle serait capable de fureurs jupitériennes. Nous lui préférons « la théorie du chaos ». Même si je suis d'accord avec toi, c'est plus drôle, « l'effet pap... ».

Il toussota.

— Hum hum, je n'ai rien dit.

— Mais pourquoi est-ce que madame Avalanche veut me tester là-dessus... ?

— Ttt, ttt, ttt, ne perdons pas de temps, j'ai trop hâte de voir tout ça fonctionner, c'est si amusant ! Bien, je t'explique : tu vas pousser cette bille rouge que tu vois là en équilibre. Elle se trouve en tout début de circuit. Il y a dix parcours possibles. C'est le hasard, et rien que le hasard, qui détermine le trajet de la bille. En fin de chaque parcours se trouve une cage contenant l'un de mes plus petits oiseaux. Dans neuf cas, le trajet de la bille provoquera l'ouverture d'un sachet de graines délicieuses qui raviront l'oiseau de la cage. Mais dans le dixième cas... une masse de cinquante kilos s'abattra sur le pauvre animal pour l'aplatir comme une crêpe.

— Vous... vous feriez ça à l'un de vos oiseaux ? demandai-je, effarée.

— Honnêtement, avec seulement un risque sur dix, je suis assez confiant, dit-il avec un grand sourire.

Pour lui, ce n'était qu'un jeu sans conséquence. « Peut-être a-t-il raison, pensai-je. Il y a quand même peu de risques... » Alors je poussai la bille, confiante à mon tour.

Elle dévala un toboggan à toute allure, fut prise dans un engrenage à treize roues de tailles différentes qui ébranla un marteau dont la tête tomba sur une cloche. Le bruit de la cloche réveilla en sursaut un chat qui dormait paisiblement sur un coussin, et dans ce sursaut il se cogna la tête contre un interrupteur qui déclencha un airbag sur lequel était déposée une autre bille, bleue celle-ci, qui aurait pu atterrir ici ou là ou encore là, mais qui prit le chemin d'un nouveau toboggan vertigineux et tournoyant avant de plonger dans un bécher rempli d'un liquide phosphorescent. La bille fondit par réaction chimique et le liquide se mit à bouillir rageusement. L'une des gouttes brûlantes fut projetée sur une cordelette qui se rompit et libéra un mécanisme complexe à base de poids, roulements à billes, élastiques et balance Roberval, terminé par une fronde qui projeta une pierre dans un ballon de baudruche, qui éclata et dont le souffle déclencha l'avancée lente mais sûre d'une nouvelle bille minuscule, verte et métallique, sur des rails. La bille atteignit le pôle positif d'une pile, ce qui permit au courant de passer dans un circuit électrique qui alluma des ampoules de toutes les tailles et de toutes les couleurs. La plus grosse ampoule éblouit une chouette qui dormait sur la branche d'un bonsaï et qui ouvrit grand ses ailes de surprise. Elles auraient pu toucher ceci, ceci, cela ou encore cela, mais l'aile droite effleura une aiguille suspendue qui se mit à se balancer au bout de son fil durant de longues secondes avant de percer un soufflé au fromage tout chaud sorti du four. La chaleur émise ravit d'aise une minuscule souris assoupie dans un petit hamac de poupée, juste au-dessus. Elle se retourna pour trouver la position idéale afin d'en profiter au mieux, ce qui fit tomber du hamac une autre bille, noire, qui atterrit dans un nouveau toboggan. Plusieurs chemins étaient possibles dans sa dégringolade, mais elle tournait ici ou là, comme par caprice.

Le fripon et moi nous déplacions au fur et à mesure pour suivre tous ces petits événements en poussant des cris de surprise. La bille se rapprochait de la fin des parcours, et j'étais tout près des dix cages où d'adorables oiseaux colorés attendaient leur sort. Je m'amusais beaucoup, comme le fripon, et je n'avais aucune crainte. La bille se dirigea vers un nouveau toboggan parmi d'autres, fut prise dans un nouvel engrenage très complexe, qui pour finir ébranla un rocher imposant qui fit deux tours sur lui-même sur une planche bancale avant de basculer... sur l'un des petits oiseaux mignons et colorés, désormais complètement aplati.

Une crêpe.

Une galette.

Une bouillie d'oisillon.

J'eus soudain envie de pleurer aussi fort que ce jour de décembre, l'année de mes 3 ans, quand je réalisai que ce Père Noël était un faux. La preuve : il puait le déodorant bon marché (or je savais que le Père Noël n'avait pas d'odeur, tout comme l'argent qui sert à acheter les cadeaux, le restant de l'année).

J'étais abasourdie. Le fripon aussi.

— Un risque sur dix, murmura-t-il.

Je ne comprenais pas. C'était impossible.

Le fripon sortit le premier de sa torpeur, me remenotta, me remit le bandeau et me ramena dans ma cellule, avant de me démenotter, de m'enlever le bandeau, puis de s'éclipser sans un mot. C'était la première fois que je le voyais sérieux si longtemps.

12

Ce test était absurde.

Sans validité. Inepte. Mal fichu. Grotesque !

Ça ne pouvait être qu'un mauvais hasard, très mauvais. Une malchance improbable. Je n'y étais pour rien ! J'étais une Papillon, moi ! C'était incompréhensible... Pour ne plus penser à tout ça, je me remis à chercher une façon de m'évader.

Je me tournai vers l'ouverture tout en haut du mur. Je grimpai sur la chaise pour tenter de voir ce qu'il y avait dehors. Mais même ainsi juchée, j'étais trop petite.

Je me jetai sur le lit en soupirant. C'était pire que quand j'étais enfermée dans ma propre maison. Ici, je ne voyais aucune échappatoire ! Et l'ennui commençait à me ronger la tête.

Je ne trouvai comme compagnie que quelques fourmis sur le sol, entamant une colonne en direction des restes de mon petit-déjeuner, et quelques moucherons dans les airs. Mais soudain, j'entendis des pas, là, au niveau de la meurtrière. Deux escarpins à talons stoppèrent leur marche juste devant l'ouverture étroite. Des pieds fins aux ongles soigneusement vernis de rouge se trouvaient dedans. Je retins mon souffle tout le temps où ils restèrent là, en silence, avant de poursuivre leur chemin et de disparaître.

Déterminer l'âge d'une paire de pieds n'est pas facile, mais je devinai qu'ils ne pouvaient appartenir qu'à madame Avalanche. J'aurais dû crier pour lui demander des comptes. Cette idée me frappa, soudain : mais oui, il fallait que je crie ! Peut-être passerait-il par là quelqu'un qui avertirait la police ! Je me juchai de nouveau sur la chaise, plaçai mes mains en porte-voix et me mis à hurler de toutes mes forces :

— Au secours ! Je suis prisonnière ! Prévenez la police ! Ou n'importe qui ! On me séquestre ! Je suis Éva Papillon !

Quelques minutes plus tard, une voix me supplia :

— Tais-toi ! S'il te plaît, tais-toi, par pitié !

Auguste !

Le visage de mon ami, ou de celui que je croyais être mon ami, apparut devant la meurtrière. Il avait dû s'allonger sur le sol pour pouvoir me voir. J'agrippai mes doigts à la base de la meurtrière tout en lui demandant :

— Auguste ! Pourquoi est-ce que je suis là ? Pourquoi est-ce que tu m'as piégée ? Explique-moi tout de suite !

— Je suis désolé, Éva, vraiment désolé. Je sais que je n'aurais pas dû me rendre complice de ça, mais... madame Avalanche m'a promis que si je le faisais, tu ne partirais jamais de la ville et que je pourrais continuer à te voir tous les jours.

— Tu as comploté avec la mère de Coline ? Et Coline aussi était dans le coup ?

Un film adoré de mamie Rose me revint en mémoire...

« Je t'en prie, dis-moi pourquoi tu as fait ça !
– C'est impossible, darling. Des intérêts supérieurs m'animent, que tu ne peux pas comprendre. »

— Non, Coline ne savait rien, répondit-il. C'est moi... Je suis allé me promener dans la forêt, avant-hier soir, hyper triste que tu déménages. Et soudain, j'ai trouvé une dame juste devant moi. Elle était belle et vraiment gentille. Elle m'a dit qui elle était, elle m'a assuré que toutes les histoires qu'on racontait sur sa famille étaient des mensonges, et elle m'a proposé des biscuits délicieux qu'elle avait dans un sac. Je lui ai tout dit et elle m'a expliqué quoi faire pour résoudre mon problème.

— Comment as-tu pu penser que ça résoudrait quelque chose ? Je ne peux plus quitter la ville, maintenant, ça c'est sûr, mais regarde où je suis ! Ça t'avance à quoi ?

— Je ne savais pas ce qui se passerait après t'avoir poussée dans cet endroit. Je te le promets, je ne savais pas !

— Mais tu étais là quand on a essayé de me kidnapper ! Tu le savais, que j'étais en danger !

— On n'avait aucune preuve que ce soit un coup des Avalanche ! La mère de Coline m'a dit que c'était une initiative très malheureuse du fripon, et qu'elle avait failli le licencier pour ça. Elle était si gentille que, moi, je n'y ai plus cru du tout, à cette histoire de famille qui te voudrait du mal. Je croyais vraiment que madame Avalanche aurait une solution miracle !

Je secouai la tête, dépitée. La naïveté, la tristesse et la gourmandise d'Auguste avaient causé ma perte. Je tentai de reprendre mes esprits.

— Et toi, tu es libre d'aller où tu veux ? demandai-je.

— Oui, mais je suis surveillé. Il y a toujours un corbeau quelque part dès que je lève le nez. Je sais que ce sont les espions de madame Avalanche.

Il tourna le regard vers un corbeau qui venait de se poser près de lui, sur le rebord de la meurtrière. Son regard noir, fixe et perçant ne quittait pas Auguste. Je songeai subitement à *1984*, ce roman où chacun est surveillé, tout le temps. « Big Corbeau is watching you... »

Un tout petit papillon tournoya soudain près du corbeau, avant de s'envoler haut, et je ressentis alors un formidable désir de liberté. Énorme et monstrueux. Je devais être libre pour moi aussi provoquer des événements bénéfiques pour l'humanité, comme grand-papy Robert !

— Auguste, il faut au moins que tu dises à mon père ou à Fanfan que je vais bien. Ils vont trop s'inquiéter !

— C'est impossible. J'ai déjà dû mentir à ta famille et à la police en disant que je n'étais pas avec toi hier. Sinon, ça les aurait directement menés ici et... Et madame Avalanche peut être très menaçante. Elle... elle me fait peur, Éva. Et puis j'ai trop honte de ce que j'ai fait ! J'aimerais que personne ne le sache. Jamais. Je dois y aller !

Il se leva subitement et courut loin d'ici.

L'oiseau déploya ses ailes et vola tout bas pour le suivre. La mère de Coline était redoutable ! Et très intelligente : en rendant Auguste responsable de mon kidnapping, elle s'assurait ainsi de son silence.

Ce fut un autre silence qui retomba dans ma cellule, ainsi qu'un ennui poisseux et tenace. Je n'avais strictement rien pour me distraire et, si ça durait trop longtemps, j'allais certainement devenir folle !

Les heures passèrent. À midi, le fripon vint m'apporter mon déjeuner. Il ne m'adressa toujours pas un seul mot, mais me jeta des regards noirs. Je préférais, de loin, ses blagues débiles !

Peu à peu, le jour se mit à décliner. J'allumai la lampe qui se trouvait sur la table et fus un peu rassurée par le rond de lumière qui se découpa dans la pénombre. Mais j'avais aussi très envie de prendre une douche et de changer de vêtements.

La porte grinça pour la troisième fois de la journée et je m'attendis à revoir le fripon-majordome avec le plateau de mon dîner. Mais c'était quelqu'un d'autre qui le portait. Une vieille, une très vieille dame, vêtue comme on l'était dans les années 40.

— Bonjour, Éva.

La dame posa le plateau sur mes genoux et s'assit à côté de moi sur le lit.

— Mange tant que c'est chaud. C'est important, à ton âge, de bien se nourrir.

La voix rocailleuse essayait de se faire la plus douce possible. Mais je n'arrivais pas à faire un seul geste.

— Je m'appelle Albertine. Je suis l'arrière-grand-mère de Coline.

— Albertine Avalanche ?

— Pour te servir, jeune fille.

— Que... Qu'est-ce que vous voulez ?

— Pour l'instant, nous réfléchissons. Nous attendons de savoir si cela vaut le coup que tu restes avec nous.

— Et sinon, je pourrai rentrer chez moi ?

— Nous réfléchissons, te dis-je. Il nous semble important de te protéger de toi-même. Je t'assure que tout ce que nous faisons, c'est pour ton bien. Ce que nous te cachons, aussi.

— J'en ai assez qu'on m'enferme et qu'on me cache plein de choses en prétendant que c'est pour mon bien !

— Oh, je vois... Ta famille a eu la même idée, bien sûr. Sacré Robert, décidément.

Elle resta les yeux dans le vague, un mince sourire flottant sur ses lèvres, durant quelques instants.

— Tu sais, j'ai eu treize ans moi aussi. C'est difficile à croire, n'est-ce pas ? Et pourtant, c'est comme si c'était hier. Je peux comprendre ce que tu ressens. Moi, je les ai eus en 1941. Chez les Avalanche, on ne fait pas de fête ce jour-là, mais une cérémonie austère et solennelle face au buste sculpté de notre ancêtre Caïus Avalanche – c'est à cause de lui qu'eut lieu la chute de l'Empire romain d'Occident en 476 après Jésus-Christ. Mais, je l'avoue, apprendre le pouvoir de ma famille me déprima légèrement.

— Alors c'est quoi, votre pouvoir ?

— Ne me dis pas que tu n'as toujours pas compris que notre pouvoir était de causer des événements maléfiques ? Mais si, bien sûr, tu l'avais déjà compris ! Pour moi, c'était très dur de l'apprendre, car nous étions alors en pleine guerre. Des atrocités avaient lieu chaque jour, et je n'avais pas envie de croire que ma famille y contribuait. Et pourtant... Ce qui fut à l'origine de tout ce chaos, c'est bien un Avalanche. Figure-toi que mon grand-père Alphonse Avalanche fut accepté à l'école des beaux-arts de Vienne en octobre 1908, à la place d'un certain Adolf Hitler. Leurs deux candidatures furent longuement examinées, mais ce fut celle d'Alphonse qui fut préférée, plongeant Adolf Hitler dans une amertume tenace. Il fut terrassé par le chagrin et nourrit les sentiments acerbes, revanchards, mesquins, avides, sordides, médiocres, vils et dégoûtants qui firent de lui ce qu'il devint. On peut donc dire sans se tromper que c'est à cause d'Alphonse Avalanche qu'Adolf Hitler devint un dictateur sanguinaire plutôt qu'un peintre inoffensif...

— C'est... C'est horrible !

— Eh oui... Tu comprends à quel point j'ai pu avoir peur de moi-même dès mes treize ans... Cette frayeur ne s'atténuait qu'en compagnie des corbeaux. Ces oiseaux traînent une réputation épouvantable, on les appelle même « oiseaux de malheur », et pourtant ils sont prudents, sociables, fidèles, courageux et très intelligents. Je me sentais mieux avec eux, mais ça n'a pas empêché mon pouvoir d'agir...

— Vous avez provoqué une catastrophe ?

— Hélas, oui. Ma chère Éva, pour que tu acceptes toi aussi ce qui t'arrive, il faut que je te raconte cette catastrophe.

— Je sais déjà ce qui m'arrive. Je suis une Papillon et je vais provoquer des événements bénéfiques pour l'humanité !

— Eh bien... Je crois que tu devrais m'écouter, avant de te faire une idée aussi nette des choses.

Je croisai les bras pour bouder. Ça recommençait ! On allait me bercer d'histoires pour me tenir bien tranquillement enfermée ici, sans me dire clairement ce qui me concernait pourtant directement.

— J'en ai assez. Je veux bien vous écouter uniquement si c'est en échange de ma liberté. Même votre vérité, je n'en veux pas. Je veux juste la liberté.

Elle regarda autour d'elle.

— C'est vrai que ma petite-fille a exagéré, tout de même, cette pièce ressemble à un vrai cachot de condamnée à mort. Or, ma chère enfant, je tiens à t'assurer que ce n'est pas ton cas. Tu mourras un jour, certes, mais pas à cause de nous. En tout cas pas directement, ce n'est pas notre genre. En revanche, si tu me laisses raconter mon histoire, je te promets que je donnerai les ordres pour que tu déménages dans l'une des chambres du haut, mille fois plus charmante.

J'hésitai puis jugeai que c'était un bon début de vie meilleure. De toute façon, je n'avais pas le choix. Je fis un petit geste du menton pour dire que j'étais plus ou moins d'accord.

— Bien. Alors mange pour ne pas dépérir, tu es toute fluette, et pendant ce temps, écoute.

13

— Tout commença un jour de novembre 1942. Ma famille et moi vivions alors à Paris, non loin de Montmartre. Il fallait redoubler de prudence et supporter la vue des occupants nazis, et c'était très difficile. J'aimais néanmoins me promener dans la ville. J'ai toujours adoré Paris. À force d'emprunter la volée de marches qui menait au sommet de la butte Montmartre, je fis connaissance avec le couple le plus amoureux du monde.

C'était magnifique de les voir ensemble. Ils se dévoraient des yeux, se lançaient des mots doux, se juraient fidélité éternelle et s'embrassaient toutes les trois secondes. Ils avaient instauré un rituel : une fois par mois à la même date, l'homme installait un appareil photo sur un pied et immortalisait son amoureuse pile à l'endroit où il l'avait vue pour la première fois.

« Leur rencontre avait eu lieu au pied des excaliers
de Montmartre. Le principe du jeu, c'était de prendre une photo
sur le vif, sans attendre que les passants passent ;
ils devaient faire partie du cliché. », m'expliqua Albertine.

Évidemment, au fil des années, elle avait un peu changé mais il l'aimait toujours autant. J'ai gardé quelques-unes de ces photos...

Le rituel des deux amoureux commença à devenir si connu que les gens vinrent au rendez-vous pour en témoigner, de plus en plus nombreux. Peu à peu, ils voulurent également être sur la photo.

Ils désirèrent aussi en posséder un exemplaire, car en temps de guerre il était doux d'acquérir et de contempler régulièrement une telle preuve d'amour. Les gens venaient pour des événements tels que des communions, des baptêmes ou des mariages. La rumeur enflait : cela portait bonheur d'être pris en photo avec l'amoureuse tant aimée.

Le couple développait de plus en plus d'exemplaires de chaque prise, tant la demande était grande. Les gens insistaient pour les payer, ce qui mettait un peu de beurre dans les épinards des amoureux. Moi, j'étais toujours là, le jour dit du mois, et ils commençaient à bien me connaître. « Fidèle au rendez-vous, ma petite Albertine ! » disaient-ils. « Et toujours avec ton corbeau... », ajoutaient-ils, un peu décontenancés. Je leur expliquai de nombreuses fois que mon oiseau ne leur porterait pas malheur, ni moi d'ailleurs, et comme ils avaient le cœur bon et plein d'amour, ils me croyaient et finissaient par caresser le plumage de mon corbeau, tout comme ils caressaient mes cheveux de fillette de quatorze ans.

L'histoire aurait pu s'arrêter là et le couple poursuivre sa route amoureuse malgré la guerre, mais... ils étaient juifs. Or, depuis le mois de mai, le port de l'étoile jaune était devenu obligatoire pour eux, dans la zone occupée. Le couple se pliait à la règle la plupart du temps, mais l'homme refusait de prendre en photo un vêtement ainsi marqué. « Cela salirait la mémoire de notre amour », disait-il. « Et je ne l'enlève que pour cinq minutes », disait la femme en ôtant sa veste.

Tout le monde avait été très choqué par la rafle du Vél' d'Hiv du mois de juillet précédent, et cette étoile représentait à la fois le risque d'être identifié comme juif, et celui d'être puni si on osait ne pas la porter. Une bien cruelle impasse...

Cela me révoltait, et je détestais cette étoile. Alors, un jour que la femme avait posé son manteau sur un banc, tout en observant leur jeu photographico-amoureux, je triturais nerveusement et avec hargne l'étoile jaune cousue au niveau de la poitrine. Je triturais tant et si bien que, sans m'en rendre compte, peu à peu j'en déchirai les coutures.

Lorsque l'étoile se retrouva décousue entre mes mains, je fus si surprise que je la brandis devant moi pour l'observer, comme si elle était tombée du ciel. Or ce genre d'étoile, hélas, n'avait pas de provenance aussi poétique...

Et voici ce qui arriva...

Une bourrasque de vent, aussi subite que puissante, me l'arracha des mains. Le tissu jaune en forme d'étoile fila, s'envola. Je courus après, j'essayai de faire comprendre à mon corbeau de le rattraper, mais rien n'y fit, et il fila loin.

Beaucoup plus tard, grâce à des témoignages recueillis ici et là, je pus reconstituer son parcours.

Un livreur de journaux, qui faisait partie de mes amis, jura avoir vu l'étoile atterrir dans un caniveau. Un chien la renifla, en trouva l'odeur à son goût et la saisit dans sa gueule. La fille des boulangers du même quartier, qui était dans ma classe, vit des soldats allemands, amusés, s'écrier « Un chien juif ! », et courser le pauvre animal. Le jeune caviste qui sortait les poubelles me raconta avoir vu le chien, effrayé, lâcher l'étoile dans une ruelle sombre. L'instant d'après, un ivrogne marcha dessus avec des semelles boueuses et ne remarqua pas qu'elle s'y colla. Je retrouvai sa trace plusieurs centaines de mètres plus loin, dans le quartier de la Madeleine, où un jeune serveur me raconta ceci : l'étoile se décolla de la chaussure de l'ivrogne juste devant ce restaurant chicissime et archiconnu qu'est Maxim's. Ce soir-là, le maréchal Göring en personne était venu y dîner. Tu l'ignores peut-être, Éva, mais c'était un homme très influent au sein du Troisième Reich allemand. Il fut outré de trouver, en sortant d'un repas succulent arrosé d'un vin millésimé, une sale étoile jaune toute crottée sur son chemin.

— *Das wird meine Verdauung stören*[2] *!* tonna-t-il.

Hélas, le maréchal Göring digéra vraiment très mal ce soir-là. Il ignorait que c'était à cause des huîtres dont il s'était régalé. C'était pourtant bien un mois en R et normalement rien n'arrive quand on mange des huîtres un mois en R. Cependant, Göring était persuadé que c'était la vue de cette étoile jaune qui lui avait fait passer une si mauvaise nuit. C'était elle qui l'avait ensuite rendu si inefficace à la réunion d'état-major à laquelle il avait participé le lendemain. C'était elle qui lui avait fait commettre une erreur de stratégie grossière. Et enfin, c'était elle qui lui avait fait perdre au moins trois jours, avant de pouvoir piller une collection d'œuvres d'art privée comportant des tableaux célèbres : des Monet, Renoir et Cézanne somptueux. Celui qui lui avait fait perdre ces trois

2. « Cela va perturber ma digestion ! »

jours devait payer ! Et si les soldats chargés de le trouver n'y parvenaient pas, qu'ils payent à sa place !

Cela motiva très fort les soldats à chercher un coupable.

— J'ai une idée, dit l'un d'entre eux. Allons dans la rue. Le premier homme qui porte une étoile jaune que nous rencontrerons, ce sera lui, le coupable. Mieux vaut lui que nous, non ?

Les autres acquiescèrent honteusement mais sans une seule hésitation.

Ce jour-là, par l'un de ces hasards funestes dont seule la guerre a le secret, l'homme amoureux décida de se rendre au studio photo de la rue Chabanais pour faire développer ses derniers clichés. Il avait choisi ce moment parce que c'était mercredi après-midi, et que le mercredi après-midi il ne travaillait pas. Il avait été retardé par la concierge qui avait perdu son chat et lui avait demandé de le retrouver. Il avait retrouvé le chat dans une boîte aux lettres ouverte où il dormait paisiblement. Il était sorti et avait attendu que trois voitures passent. Il avait hésité, posé un pied sur la chaussée, puis s'était ravisé avant d'en laisser passer une quatrième. Il avait traversé la route en sifflotant, car même en période de guerre on avait encore le droit de siffloter. Il avait retraversé dans l'autre sens pour aider un vieux monsieur qui n'y voyait plus très bien.

Il avait pensé aux années de bonheur qui les attendaient encore, lui et son aimée, si la guerre avait le bon goût de se terminer enfin. Il avait trébuché contre une aspérité du trottoir. Et pour finir, il se trouva nez à nez avec ces soldats allemands déterminés à faire un coupable d'un innocent pile au moment où ils sortaient d'un immeuble réquisitionné par les nazis.

La dernière photo, ce fut l'amoureuse qui la prit. Tous les gens qui connaissaient le couple voulurent poser dessus, en hommage et en souvenir de cet homme. En tout cas, tous ceux qui étaient encore là, tous ceux qui étaient disponibles, et tous ceux qui n'avaient pas peur d'être soupçonnés de complicité avec quelqu'un accusé d'avoir gêné la digestion du maréchal Göring, de lui avoir fait commettre une erreur stratégique, et de lui avoir fait perdre trois jours de possession d'œuvres d'art. Ce fut la seule photo où l'amoureuse n'apparaissait pas, puisqu'elle dut remplacer le photographe...

C'est donc à cause de moi, ma pauvre petite Éva, que Michel Blumberg, l'amoureux des escaliers de Montmartre, fut déporté dans un camp d'extermination dont il ne revint jamais.

FILM
LUMICHROME
IMIÈRE

14

Je bondis.

— Michel Blumberg ?

— Oui, il se nommait bien ainsi, pourquoi ?

— Cela ne peut pas être une coïncidence ! Mon grand-papy Robert a rencontré sa veuve et son orphelin, en 1945. Cela a permis à madame Blumberg de trouver l'énergie pour monter un studio de photographie à Montmartre !

— Les fameux studios Blumberg et fils ? Grands dieux, je n'avais pas fait le rapprochement. Sacré Robert... Il a toujours essayé de saboter l'œuvre des Avalanche.

— C'est faux ! Il ne connaissait pas cette histoire. Et puis ça devrait vous faire plaisir de savoir qu'il a adouci le sort de cette pauvre femme et de ce pauvre enfant.

— Bien sûr, ma petite Éva, bien sûr. Mais réfléchis un peu... Y aurait-il de la lumière sans les ténèbres ? De la joie sans la tristesse ? La paix sans la guerre ? L'envol du papillon sans la chute de l'avalanche ? Chaque chose a son contraire, et si tu supprimes l'un, tu supprimes l'autre. Si la famille Avalanche disparaissait, à quoi servirait la famille Papillon ? Je suis prête à parier qu'elle perdrait tout son pouvoir. Le monde basculerait dans une espèce d'apathie qui nous apparenterait à un peuple de mollusques. Ou de zombies. Ou d'amibes. Il faut maintenir un équilibre parfait. Et pour cela, le pouvoir des Papillon ne doit pas supplanter le nôtre. C'est tout ce que j'ai à dire.

Elle me quitta sur ces mots.

Je m'endormis mais mon sommeil fut agité. Mes rêves furent traversés par des images de SS aux bottes rutilantes, d'étoiles jaunes calcinées dans un camp d'extermination, de corbeaux noirs croassant dans un cimetière gris, d'un papillon bleu voletant au-dessus d'une fosse commune, d'ombres grandissantes et de lumières qui reculent... Pourquoi Albertine avait-elle pris le temps de me raconter tout ça ? Si ces histoires étaient vraies, le pouvoir de la famille Avalanche était effrayant. Mais c'était quand même difficile à croire. Il n'y avait aucune preuve que ce soit vraiment tout cet enchaînement d'événements qui ait causé la perte de Michel Blumberg ! Si c'était vrai, je n'aurais pas aimé être à la place de Coline. Être une Avalanche, ça devait être horrible et terrifiant ! Moi, cela m'aurait rendue malade. Je crois bien que je n'aurais même plus osé mettre un orteil dehors. Et j'aurais demandé moi-même à être enfermée pour ne pas provoquer de catastrophes. J'étais heureuse d'être une Papillon... même si j'étais quand même enfermée.

Comme la veille, le fripon-majordome vint dans ma chambre, mais sans plateau cette fois.

— Suis-moi, dit-il d'un ton redevenu guilleret.

Il me semblait malgré tout manquer d'entrain. Il aurait mérité une meilleure orientation professionnelle, car il n'était définitivement pas fait pour ce poste austère où même les circuits amusants se terminaient en tragédie.

Il repartit en laissant la porte ouverte. Je me précipitai à sa suite. Pas de bandeau ? Pas de menottes ?

De toute façon, il m'aurait été difficile de tenter quoi que ce soit, puisque les escaliers humides et froids n'offraient aucune échappatoire. La porte qui menait aux souterrains plus profonds était fermée. Alors je grimpai les marches à la suite du fripon.

Nous arrivâmes enfin devant une porte qu'il ouvrit avec force cliquetis. Je découvris la plus jolie chambre que j'eusse jamais vue. Elle était même beaucoup plus jolie que celle de Coline. Un grand lit blanc était surmonté d'un voile vaporeux, des tapis ronds de tailles différentes et des poufs colorés étaient disséminés sur le sol, près d'étagères remplies de fleurs fraîches ou séchées et de coquillages. Il y avait même des vêtements propres dans un dressing et une salle de bains privative. Il manquait juste des livres. Il n'y en avait strictement aucun.

— Voilà ton petit-déjeuner, vibrionna le fripon. Bon appétit !

Le plateau trônait sur le bureau.

— Pas de blague, aujourd'hui, monsieur le majordome ? m'étonnai-je avec un peu de nostalgie.

— Hélas, ta condition s'améliore trop pour que je puisse m'en moquer. Les nantis ne sont pas drôles, vois-tu. Ils sont même parfaitement ennuyeux, quand on y pense. Mais... on peut toujours trouver une faille, et si tu insistes, en voilà une : j'espère que tu vas bien profiter des premiers jours de soldes, aujourd'hui, il paraît qu'il y a des affaires formidables à faire en ville !

Et il éclata de rire, avant de refermer la porte derrière lui. Un rideau retomba comme par magie, dissimulant entièrement l'entrée vers le passage secret. Une autre porte, l'officielle et bien visible, était aussi verrouillée, comme je m'y attendais. Je pris une forte inspiration, regardai par les fenêtres – verrouillées aussi – qui donnaient sur le jardin de derrière, désert, puis m'installai au bureau pour boire mon chocolat et manger mes tartines.

C'était sympa, comme endroit, mais j'étais quand même prisonnière. Ma famille devait être morte d'inquiétude et je ne supportais plus de ne pas pouvoir courir, sauter, sentir l'air sur ma peau... Et puis je m'ennuyais tellement ! J'aurais préféré subir une mort violente plutôt qu'un ennui long et désespérant. Si ça se prolongeait, j'allais certainement devenir folle.

Je savais qu'on pouvait devenir fou pour moins que ça, parce que mamie Rose me racontait souvent des histoires où l'esprit des gens vacille du jour au lendemain, photo à l'appui. « C'est si cocasse ! » ajoutait-elle en éclatant de rire. Jusque-là, je rigolais bien avec elle de ces anecdotes « cocasses », mais ce jour-là, je me les remémorai en frissonnant d'effroi.

« Voici la tragique histoire de Bernadette Leprun,
qui perdit son fox-terrier, l'adorable Teddy, de façon brutale,
percuté sous ses yeux par un camion transportant des merguez.
Dès lors, pour faire face au chagrin et à la douleur, elle refusa
de dormir ailleurs que dans la niche de son animal défunt.
Mais cette histoire finit bien, puisqu'elle y retrouva
toute sa joie de vivre ! » (Mamie Rose)

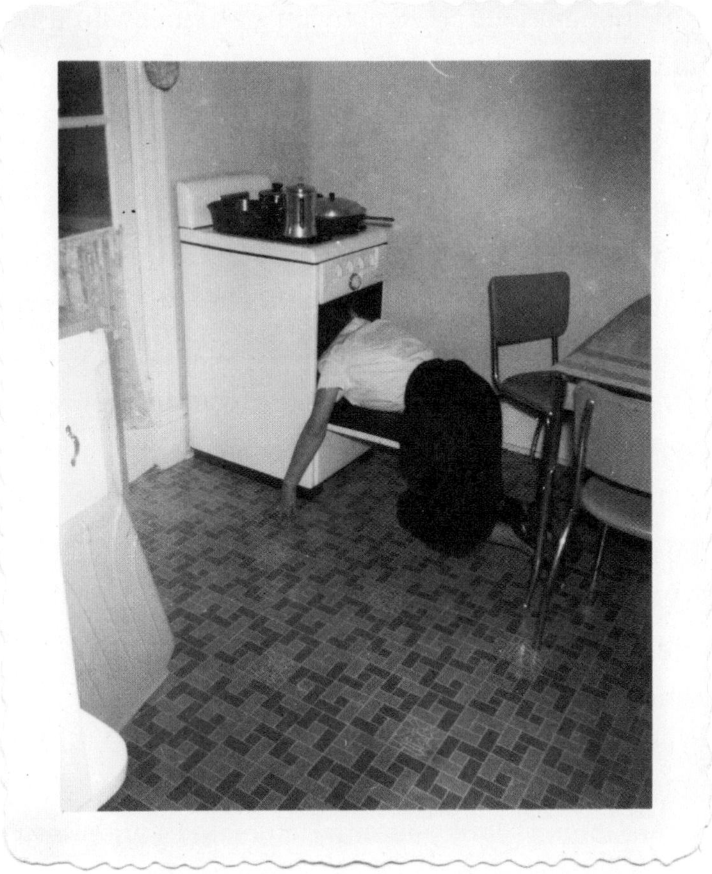

« Non moins tragique destin que celui de Renée Wending, cette femme au foyer qui fut abandonnée par son mari, dans les années 50. De toute sa vie n'ayant appris qu'à faire le ménage et rien d'autre, elle se jeta dans cette activité à corps perdu afin d'oublier tout le reste. Même quand on lui demandait de poser pour une photo, elle n'arrivait pas à faire autre chose. Ici, on la voit en plein nettoyage compulsif de four, seule photo qu'on réussit à faire d'elle le jour de son anniversaire. » (Mamie Rose)

J'entendis soudain comme un grattement sur une cloison. Une souris ? C'était possible dans une si vieille maison, si pleine de trous. Mais non, c'était un bruit régulier. Je m'approchai de la source du grattement et compris que cela venait du plafond. « Grat grat grat. Graaat graaaat graaaat. Grat grat grat. » Une pause, puis ça reprenait. Qui pouvait faire ça ? Et pourquoi ? Pour me dire quelque chose ? Mais quoi ? Soudain, j'eus une illumination qui provoqua un véritable feu d'artifice dans ma tête : c'était du morse ! J'avais lu un livre comme ça, qui expliquait le code morse. Chaque lettre correspondait à une série de points et de traits. Ces grattements, c'était un peu comme si celui qui les faisait écrivait : « • • • - - - • • • ».

Je cherchai tous les mots qui pouvaient correspondre :

- Bob. C'était peut-être le nom de l'auteur du message. Mais pourquoi tiendrait-il tant à ce que je le connaisse ?
- Non. Non à quoi, exactement ? « Hé, sois plus clair, mon joli ! »
- Sas. Il voulait ouvrir un sas ? Quel sas ?
- Ara. Un rapport avec les oiseaux du fripon ?
- Dad. Comme « papa » en anglais ?
- Alors, peut-être... SOS... ?

Bien sûr ! Quelqu'un au-dessus de moi lançait un appel à l'aide !

Ce quelqu'un était enfermé dans la pièce d'au-dessus ? C'était peut-être madame Feuillette ! Mon esprit moulinait à toute allure. Il fut interrompu par l'irruption du fripon, par la grande porte cette fois-ci. Il portait un sac en bandoulière et je vis qu'il se retenait d'exploser de rire.

— Qu'y a-t-il dans ce sac ? demandai-je.

— Avant de te le faire savoir, merci de participer à une nouvelle petite expérience rigolote.

Il se saisit d'une tartine de confiture que je n'avais pas mangée, sur le plateau de mon petit-déjeuner, et me la tendit.

— Tiens-la bien haut et laisse-la tomber, m'ordonna-t-il.

J'écarquillai les yeux. Lui pouffait doucement en se retenant toujours davantage, au point de virer écarlate. Je m'exécutai, et la tartine tomba côté confiture sur le magnifique tapis blanc à poils longs.

— Oh, je suis désolée ! m'exclamai-je.

Le fripon-majordome avait déjà ramassé la tartine. Puis il frotta le tapis avec un torchon. Ce fut très inefficace et étala le rouge de la fraise en une large tache disgracieuse.

— Tu as réussi le test, déclara-t-il toujours au bord de l'apoplexie.

— Vous êtes malade ? ne pus-je m'empêcher de demander.

Il jeta des regards partout autour de lui, relâcha tout l'air qu'il retenait dans une espèce de bêlement sifflé qui ressemblait de très loin à un rire, puis, l'air affolé, il chuchota :

— Chhhhut ! Je ne suis pas malade, mais surveillé. Mes employeurs m'ont fait plusieurs remontrances. Je dois garder mon sérieux, même avec toi, maintenant, et ne plus jamais éclater de rire, sinon pfiut ! je suis viré. J'ai besoin de cet emploi pour nourrir mes oiseaux, moi.

Puis il fit passer la bandoulière du sac par-dessus sa tête.

— Tu as gagné le droit de voir le contenu de ce sac.

Il extirpa de sa besace...

— L'encyclopédie des pouvoirs familiaux !

Plus exactement l'*Histoire des pouvoirs familiaux de l'Antiquité à nos jours*, comme il était inscrit en lettres dorées sur la couverture. Le fripon sourit avec malice alors que je saisissais le livre pour le serrer contre moi, ébahie de l'avoir enfin entre les mains.

— Je me suis bien amusé grâce à ce bouquin, murmura-t-il, pour une fois qu'on me demandait un truc drôle ! J'ai même pu me déguiser en vieille dame, c'était hilarant. Ce livre m'a servi à t'attirer jusqu'ici, ce qui a été pour le moins efficace, puisque tu es là. Bon, c'est vrai, tu nous as donné du fil à retordre. J'ai échoué à te kidnapper devant chez madame Feuillette, puis à l'orée de la forêt.

— Et vous en avez fait quoi, de madame Feuillette ?

— Oh, moi, tu sais, je ne fais qu'exécuter les ordres, je ne suis pas au courant de ce genre de petit détail. Mais maintenant que tu es là et que tu as réussi les tests, on m'a dit que tu pouvais consulter le livre. Il t'aidera à mieux comprendre qui tu es, ce que tu dois penser et comment tu dois agir. C'est seulement quand tu l'auras bien compris qu'on te laissera sortir. Enfin, un peu. Disons, peut-être. Et sous surveillance. Étroite. Très étroite. À bientôt.

Il s'éclipsa aussitôt. « Réussi les tests » ? Au contraire, j'avais tout raté ! Une silhouette attira soudain mon attention dans le jardin.

Je n'eus que le temps de discerner une femme, de dos, qui contourna rapidement l'angle de la maison. La mère de Coline, sans aucun doute. Pourquoi ne s'était-elle même pas présentée à moi ? En tout cas, je la haïssais de toutes mes forces !

Mais j'avais mieux à faire dans l'immédiat. Je me précipitai sur le lit pour y consulter le livre tant convoité. Je cherchai vite la page des Papillon, pour enfin découvrir la suite de la phrase que j'avais commencée.

— Non... C'est pas possible !

La page avait été arrachée.

— C'est pas possible, c'est pas possible !

C'était trop pervers de me donner l'encyclopédie, tout en ayant pris soin d'enlever ce qui m'intéressait. Je haïssais encore plus les Avalanche et ce fripon qui les servait ! Après quelques secondes de désespoir, j'entrepris de consulter le reste. Sur la première page, le prologue débutait par une enluminure colorée.

L'histoire des pouvoirs familiaux est peu connue. Elle est volontiers gardée secrète par les premiers concernés, et encore plus volontiers mise en doute par les autres, lorsqu'ils en prennent connaissance. On enseigne aux membres des familles à pouvoir particulier, de génération en génération, que leur pouvoir est d'autant plus grand s'ils n'en font pas la publicité. C'est pourquoi on ne trouvera jamais aucun d'eux dans aucun manuel d'histoire. Et pourtant... eux aussi font l'Histoire à leur façon, laissant à d'autres la gloire, la reconnaissance, l'argent ou le pouvoir.

« Agir dans l'ombre, et malgré soi » est leur devise. On ne choisit pas son pouvoir, et on le maîtrise encore moins. Naître dans une telle famille peut être une grande bénédiction, ou au contraire une grande malédiction.

Car il existe deux catégories de familles à pouvoir : celles qui agissent pour le bien, et celles qui agissent pour le mal. On compte exactement le même nombre de familles dans une catégorie que dans l'autre. Pour chaque pouvoir bénéfique, on trouve le pouvoir maléfique contraire. C'est ce qui assure l'équilibre du monde. Si une famille s'éteignait, et une seule, nul ne sait vers quoi nous basculerions.

En revanche, une guerre secrète se livre avec férocité depuis des siècles entre les deux catégories de familles. Les familles à pouvoir maléfique se savent essentielles à la bonne marche du monde. Mais elles sont conscientes que l'amour, la paix et le bonheur sont des forces beaucoup plus puissantes que la haine, la guerre et le malheur. Se sachant plus faibles, elles veillent à ce que les familles à pouvoir bénéfique ne prennent pas le dessus, ce qui déréglerait notre monde. C'est pourquoi les familles à pouvoir maléfique se donnent pour mission d'affaiblir les familles à pouvoir bénéfique. Les familles de chaque catégorie s'entraident et se soutiennent dans la lutte contre les familles de l'autre catégorie.

La lutte entre le bien et le mal est sans merci.

— Sans merci, murmurai-je.

Je frissonnai. D'après ce prologue, j'étais en danger, contrairement à ce qu'avait essayé de me faire croire Albertine Avalanche. Face à la peur, mon esprit s'affûta. Je feuilletai l'encyclopédie avec détermination, dans le but de recueillir le maximum d'informations qui me seraient utiles pour la suite des événements. Il était divisé en deux parties : les pouvoirs bénéfiques et les pouvoirs maléfiques. Chaque famille à pouvoir bénéfique était renvoyée à la page de la famille à pouvoir maléfique correspondante. Je tombai par hasard sur le nom Feuillette. Est-ce que cela avait un rapport avec madame Feuillette ?

Famille : Feuillette

Pouvoir : protection des livres. Cette famille a le pouvoir de préserver les livres de l'humidité, du feu, de l'érosion ou de la folie des hommes.

Famille à pouvoir contraire : famille Charbon, page 457.

Toute à mon admiration pour madame Feuillette, je me rendis à la page 457.

Famille : Charbon

Pouvoir : destruction des livres. Cette famille a le pou-

voir de destruction des livres par l'humidité, le feu ou l'érosion. Elle a favorisé bien des autodafés.

Puis je tombai sur le nom Tortillard. Une autre famille à pouvoir particulier !

Famille : Tortillard

Pouvoir : prévenir les déraillements ou tout autre accident ferroviaire.

Voilà pourquoi monsieur Tortillard prenait tant de trains quotidiens ! C'était grâce à lui qu'il y avait si peu d'accidents ferroviaires. Et bien entendu, il existait la famille à pouvoir contraire, les Sorderail, qui provoquaient de façon mystérieuse et indirecte des déraillements de trains.

Enfin, j'arrivai au nom Avalanche et trouvai ceci :

Famille : Avalanche

Pouvoir : influer négativement sur la marche du monde. Ce pouvoir, tout comme celui de la famille Papillon, est l'un des plus puissants de tous les pouvoirs particuliers.

Étendue : comme chez les Papillon, ce pouvoir est donné à l'aîné ou l'aînée de la famille. Il prend effet à l'âge de treize ans, jusqu'à ce que le sujet ait lui-même un enfant.

La page était illustrée par les photos de quelques-uns des membres de la famille Avalanche.

Adélaïde Avalanche, en 1860. Quarante ans plus tôt, le 24 mai 1821, c'est à cause d'elle que les élèves de l'université de Cambridge perdirent leur match de cricket, au terme de vingt-quatre runs éprouvants.

Maximilien Avalanche, en 1862.
C'est à cause de lui que, huit ans plus tard,
les Français déclarèrent la guerre
à la Prusse, en 1870.

Clovis Avalanche, en 1902.
C'est à cause de lui qu'eut lieu l'éruption
de la montagne Pelée en Martinique,
provoquant 28 000 morts.

Le dernier paragraphe du texte commençait ainsi : *En 2000 naquit Coline Avalanche, qui...* Qui quoi ? La page suivante était aussi arrachée !

Le soir, l'arrière-grand-mère de Coline vint m'apporter mon dîner, puis s'assit sur le fauteuil, mains croisées sur son ventre. Elle désigna du menton le gros livre des pouvoirs familiaux qui était sur ma table de chevet.

— Alors ? Qu'as-tu appris ?

— Rien ! Pourquoi avez-vous arraché les pages importantes ?

Elle plissa les yeux comme pour sonder mon esprit. La faible lueur qui filtrait d'entre ses paupières était légèrement inquiétante.

— Tu n'es pas prête, Éva Papillon.

— J'en ai marre qu'on me cache des choses ! Je suis assez grande pour savoir !

— Tu sauras tout bien assez tôt.

— Vous me voulez quoi, à la fin ?

— C'est normal que tu t'inquiètes. Mais je t'assure qu'on ne va pas te faire de mal.

Albertine risqua un peu de tendresse dans son regard, mais ne réussit qu'à ressembler à un serpent devant un crapaud alléchant.

— Dites-moi, tentai-je, la chambre d'au-dessus est-elle occupée ?

— La chambre d'au-dessus ? Il n'y a aucune chambre au-dessus. Il s'agit du grenier et il est vide, répondit-elle sans sourciller. Mais il est temps que je te raconte une nouvelle histoire. Une belle et affreuse histoire pour t'endormir. Es-tu prête ?

15

— Après la disparition de l'amoureux de Montmartre, j'insistai pour quitter Paris. L'atmosphère était devenue irrespirable. Nous avions des cousins qui vivaient à Berkeley Heights, dans le New Jersey, aux États-Unis, et nous décidâmes de les rejoindre.

Pour te dire la vérité, mes cousins n'étaient pas à Berkeley Heights par hasard. Quand nous avions appris que les Papillon projetaient d'emménager dans ce township, nous avions prévenu la branche américaine de la famille pour qu'elle s'y installe aussi, sous un faux nom, et qu'elle les surveille de près. Ce n'était qu'une précaution formelle : les Papillon ne nous inquiétaient pas beaucoup en cette période sombre dominée par la guerre et le mal en général.

Mais à la Libération, je voulus retourner à Paris quelque temps, pour partager ma joie avec tous ceux que j'y connaissais. Je voulais voir les voitures bondées de jeunes gens hurlant leur joie, les Américains distribuer des friandises, et la foule courir, sauter, chanter, s'embrasser ! J'avais dix-sept ans, le monde à portée de main, et mes parents me laissaient faire à peu près tout ce que je voulais. De plus, ils ne manquaient pas d'argent, puisqu'ils possédaient des usines de chocolat et de chewing-gum dans plusieurs États d'Amérique.

Alors je sautai dans un paquebot, qui mit quinze jours à traverser l'Atlantique.

Albertine Avalanche me montra cette photo d'elle lors de la traversée.

Un jour que je me promenais dans Paris, je passai devant un studio photo et je me dis : « Pourquoi pas ? » Qu'ils soient pris à Paris ajouterait du charme aux clichés. J'entrai pour demander une série de portraits.

Le photographe déclara que j'étais belle et photogénique. Je rougis mais, par la suite, j'avoue que je me pris au jeu et que je m'amusai beaucoup à poser face à l'objectif. Le photographe ne cessait pas d'appuyer sur le déclencheur. Je voulus être prise en photo avec les différents vêtements que je venais de dénicher dans une petite boutique. Je me sentais comme une star ! Quand ce fut fini, il me dit que les photos seraient prêtes quelques jours plus tard. Je quittai le studio le cœur content et croisai en partant une jeune fille qui ne me vit pas. Moi, je la remarquai parce qu'elle battait le pavé en criant : « Au vitrier ! » Il s'agissait de Lucie Rameau, dix-huit ans. Elle vivait dans une rue voisine et avait tout perdu pendant la guerre : ses parents, ses frères et son amoureux. Elle avait néanmoins trouvé quelque chose pendant l'Occupation : un emploi de vitrière. Elle portait sur le dos un crochet chargé de carrés de verre de dimensions diverses. Lorsqu'un client l'appelait, elle pénétrait dans l'immeuble d'un pas décidé, grimpait à l'étage concerné, montait sur un marchepied et était capable de surmonter le vide tout en cognant les éclats brisés d'une vitre cassée, à petits coups secs de marteau. Le travail ne manquait pas en cette période et se poursuivit à la Libération, même si les gens étaient fauchés.

Un matin, alors qu'elle triait les carreaux de ses vitres par taille, un fracas ébranla tout le quartier, si monstrueux qu'elle sursauta et que la vitre qu'elle tenait entre les mains se brisa en deux. L'immeuble du studio photo venait en fait de s'effondrer... par ma faute.

Il se trouve que le bâtiment que j'avais quitté la veille avait été gravement fragilisé par des bombardements voisins, des années auparavant. Il était fissuré et aurait dû être évacué depuis longtemps, mais comment aurais-je pu le savoir ? Lors de la séance photo, j'avais juste trébuché et fait tomber des boîtes pleines de films super-8 en essayant de me rattraper. Les boîtes avaient juste perturbé le fragile équilibre d'une statuette rapportée d'Afrique par le photographe. La statuette, qui représentait une femme en train de danser, avait juste atterri pile dans une fissure du mur. La petite fille du photographe avait juste touché la statuette avec ses menottes pleines de sucre, la veille. Le sucre avait juste attiré des souris pendant la nuit. Elles s'étaient juste ruées à plusieurs dans la fissure pour se régaler de fructose. En s'y pressant les unes contre les autres, elles avaient juste élargi la fissure. Juste assez pour provoquer l'élargissement d'une autre fissure, puis d'une autre, et d'encore une autre. Les fissures provoquèrent l'affaissement d'une cloison. L'affaissement provoqua l'effondrement d'un plafond. L'effondrement du plafond entraîna celui des murs.

Après une nuit de grincements, de vacillements, de soupirs, de craquements, l'immeuble s'écroula entièrement le lendemain matin...

Lucie courut comme tout le monde constater les dégâts. Par chance, le photographe et sa fille étaient sortis à ce moment-là. Hélas, d'autres occupants succombèrent dans la catastrophe. Bouleversée, Lucie s'approcha des débris et en extirpa un bout de papier qui dépassait. C'était une photographie. Un portrait qui avait tellement d'âme ! Qui racontait tant de choses !

À sa vue, une fenêtre s'ouvrit dans l'âme même de Lucie. C'était une petite fenêtre sur un monde qu'elle portait en elle, et dont elle ignorait l'existence jusque-là.

Elle revint le lendemain, puis les jours suivants. Dans les débris, elle ramassait des clichés de gens dont elle ne savait rien, ni même s'ils étaient morts ou vifs.

Elle les récupérait puis les collait dans un cahier. Pour chaque portrait, elle inventait un nom, une histoire, une famille. Elle se disait que, peut-être, quelqu'un faisait pareil, ailleurs, avec une photo d'un membre de sa famille disparue. Elle pensait seulement se consoler en faisant cela, en réalité elle commençait à créer une matière qui enflait et demandait à vivre.

Un jour, Lucie tomba sur mes photos lors de ses fouilles, et elle les adopta sur-le-champ.

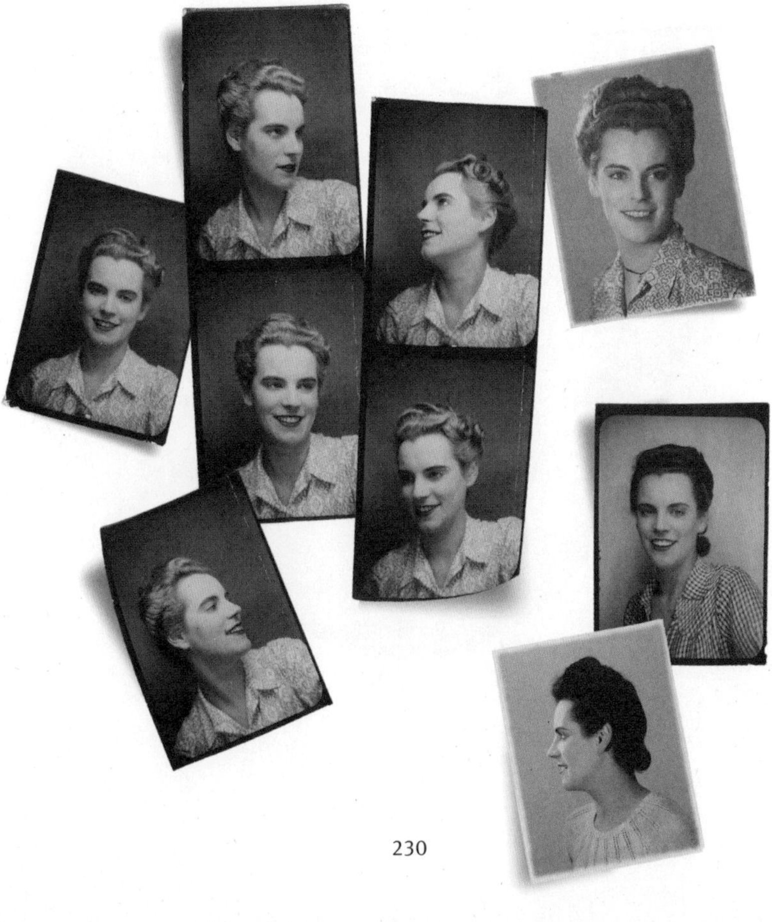

Je fus collée dans son cahier, rebaptisée Lucienne, et les mots jaillirent soudain de sa tête et de son cœur avec une facilité toute neuve. Une vie dense et complexe d'héroïne de guerre s'écrivit autour de mes portraits. Rapidement, je devins le personnage préféré de Lucie. Mon image l'inspirait tant qu'elle m'inventa un destin extraordinaire.

Dès qu'elle avait un instant de libre, entre deux poses de vitres, Lucie appuyait ses carrés de verre contre un banc, s'installait, sortait son cahier de sa besace, son stylo à plume Waterman's 52 qui appartenait à son père, et elle écrivait la suite de ma vie fictive. Elle poursuivait le soir, à la lumière d'une bougie, dans sa chambre minuscule et humide qu'elle ne voyait même plus. Un monde se construisait autour d'elle alors qu'elle écrivait ; elle flottait au-dessus du sol, survolant des scènes d'espionnage et de trahison, de bataille et de bravoure.

Lucie écrivait du soir au matin, avec fièvre et urgence. Elle allait au travail épuisée mais la tête pleine d'idées, de chausse-trappes et d'échappées. Elle mettait un temps infini à répondre aux clients, aux commerçants, à toute personne qui s'adressait à elle, car elle était ailleurs, dans un monde parallèle beaucoup plus virevoltant que la réalité. On commençait à la trouver un peu toquée, doucement atteinte, mais peu lui importait, et elle acheta un deuxième cahier. Puis un troisième.

La pensée de Lucie se déployait en strates de plus en plus nombreuses qui se superposaient en profondeur. Grâce aux situations qu'elle imaginait, elle parvenait à voir au travers de la surface des choses réelles comme au travers des vitres qu'elle posait à longueur de journée. Ce faisant, elle était à la fois transparente et vivante comme jamais.

Elle ignorait qu'elle était en train d'écrire un véritable chef-d'œuvre. Ce qu'elle prenait pour un simple récit d'aventures était en réalité un trésor de finesse psychologique et de réflexions sur la guerre et son absurdité. On ne lui avait jamais dit qu'une femme était capable d'écrire une œuvre de qualité, aussi cela ne lui effleura-t-il même pas l'esprit.

Lucie était une écrivaine de génie, et je fus sa muse involontaire.

Cependant, son œuvre ne tarda pas à la dépasser. Complètement immergée dans son obsession, elle en oubliait de manger, boire et dormir. Elle termina son immense roman dans la plus grande misère, puisqu'elle n'allait plus travailler. Et une fois le dernier mot posé sur la page, elle regarda ses vitres échouées à terre, fragiles et inutiles. Puis elle se tourna vers les pages de ses cahiers, qui lui parurent soudain tout aussi fragiles. Elle sentait pourtant, tout au fond d'elle-même, qu'elles n'étaient pas inutiles. Elle sentait qu'elle avait accompli quelque chose de grand. Et elle se dit : « C'est beaucoup plus grand que moi-même. »

Le jour où je repris le bateau pour l'Amérique, il se passa deux choses. D'abord, une jeune fille de seize ans m'interpella sur le quai :

— Vous ! Je vous reconnais ! C'est à cause de vous que ma mère a été déportée à Auschwitz !

Éberluée, je demandai des explications à la jeune fille bouleversée, qui se retenait visiblement de se jeter sur moi pour me frapper.

— Vous étiez à Issy-l'Évêque, en Bourgogne, en juillet 1942, n'est-ce pas ?

— En effet... J'étais en vacances chez mon oncle. Et alors ?

— J'étais à la boulangerie du centre d'Issy-l'Évêque, de bon matin, avec ma petite sœur de cinq ans, quand un gendarme vous a demandé où se trouvait la maison d'Irène Némirovsky. Et vous, tout simplement, sans réfléchir, vous la lui avez indiquée. Elle était juive, figurez-vous, et ils avaient un mandat d'arrêt contre elle.

— Mais comment aurais-je pu le savoir ? J'ignorais qu'elle était juive, je vous assure. Le gendarme aurait pu avoir mille autres raisons d'aller la trouver ! Et je n'avais que quatorze ans, comment aurais-je pu devi...

— Moi, j'en avais treize, et je me méfiais déjà de tout le monde. Dans quelle bulle viviez-vous donc ? Vous l'avez fait exprès, j'en suis sûre ! Après votre dénonciation...

— Je n'ai dénoncé personne !

— Après votre totale inconséquence, ma sœur et moi avons couru à la maison, mais il était trop tard. Les gendarmes étaient déjà là. Nous nous sommes cachées. Quand ils sont repartis en emmenant ma mère, ma sœur et moi sommes retournées à l'intérieur. J'ai pu récupérer son manuscrit, que j'ai soigneusement placé dans une petite valise avec du linge et des effets personnels. Ma mère était une immense écrivaine. Elle était en train d'écrire un grand roman sur la guerre, intitulé *Suite française*. Un roman qu'elle ne terminera jamais, par votre faute !

Dévastée, j'embarquai sur le bateau pour rentrer en Amérique. J'appris plus tard qu'Irène Némirovsky avait péri à Auschwitz... J'essayais de me consoler en me disant que si ça n'avait pas été moi, quelqu'un d'autre aurait indiqué le chemin au gendarme. Mais je sentais bien que ce raisonnement ne tenait pas la route.

Le même jour, Lucie, quant à elle, sentit qu'elle avait accompli l'œuvre de sa vie et qu'elle n'écrirait plus jamais quoi que ce soit d'aussi grand. Alors, elle griffonna quelques mots pour expliquer son départ, les derniers qu'elle écrivit, elle brisa toutes les vitres qui gisaient chez elle et elle partit. On la vit s'en aller, seule, avec un simple baluchon, et personne ne sut pour quelle destination. On lui prêta des aventures incroyables, des voyages à l'autre bout du monde, mais ce qui revenait le plus souvent, c'était qu'elle n'écrivit plus jamais.

D'ailleurs, elle avait abandonné son stylo-plume Waterman's 52 avec ses cahiers. Son voisin les retrouva, alors qu'il s'inquiétait d'elle et qu'il découvrit la porte ouverte, après son départ. Il était étudiant en lettres, avant la guerre, et s'efforçait de reprendre ses études. Il ne put s'empêcher de lire les cahiers et en fut ébloui. Il porta le manuscrit à un professeur qui était aussi écrivain, pour avoir son avis. L'homme jura n'avoir jamais lu d'aussi grand chef-d'œuvre. Quand il sut qui l'avait écrit, il ne voulut pas y croire. Il plissa les yeux et dit :

– Mon ami, si vous voulez que ce chef-d'œuvre soit publié, mieux vaut que personne ne sache qu'il émane d'une femme. Et puis, si elle a fui, c'est sans doute qu'elle était collabo ! Qu'elle a couché avec un boche ! Croyez-moi... mieux vaut prétendre que j'en suis l'auteur. C'est pour le bien de l'œuvre, vous le comprenez, n'est-ce pas ?

Mais l'étudiant ne le comprenait pas du tout. Les deux hommes se fâchèrent, ils en vinrent aux mains, ils se disputèrent les cahiers, tant et si bien qu'ils volèrent dans les airs et atterrirent... dans la cheminée. Tous les trois en même temps, car ils étaient attachés ensemble par une cordelette. Absorbés par leur bagarre, les deux hommes ne s'en aperçurent que trop tard.

Le chef-d'œuvre s'était consumé. L'étudiant réussit à n'en sauver qu'une page, celle où étaient collées les photos de moi.

Il se mit à raconter cette histoire à qui voulait l'entendre, car il désirait ruiner la réputation du grand homme de lettres, tout en montrant les photos. Un jour, il la relata à mon amie apprentie comédienne : ils avaient des amis communs. Elle me reconnut sur les photos et me les envoya avec le récit complet que lui fit l'étudiant.

Je peux donc dire de source sûre que c'est à cause de moi qu'un grand chef-d'œuvre de la littérature ne fut jamais terminé, et qu'un autre disparut à tout jamais…

16

Après le départ d'Albertine, je n'arrivai pas à dormir.

Je ne parvenais pas à comprendre ce que me voulaient les Avalanche, et pourquoi Albertine me racontait tout cela. C'était toujours aussi invraisemblable, en tout cas autant que les exploits de grand-papy Robert. Mais lorsqu'enfin je m'assoupis, je fus réveillée par de nouveaux grattements.

— Qui est là ? dis-je à haute voix en me mettant debout sur le lit pour être le plus proche possible du plafond.

Mais le plafond, ou bien le sol suivant le point de vue, était trop épais pour qu'on puisse m'entendre. Alors j'allai à la fenêtre. Je ne pouvais toujours pas l'ouvrir. Je pouvais seulement discerner que la lumière était allumée, là au-dessus. Un cercle lumineux barré d'une croix était projeté sur la pelouse du jardin. Il y avait donc une lucarne dans ce grenier. Soudain, une ombre s'avança dans ce cercle. Mon cœur battit plus vite. C'était la silhouette d'un homme, plutôt mince, qui stationnait là, rêvant sans doute de s'enfuir loin d'ici. Ce n'était donc pas madame Feuillette...

J'eus l'audace d'allumer à mon tour la lumière de ma chambre. Un rectangle de lumière se coucha près du cercle. Je pus voir la silhouette de l'homme se raidir en découvrant la mienne s'y inscrire en négatif. Je fis un salut de la main, mais cela eut pour effet de le faire fuir et d'éteindre la lumière.

Ce fut alors qu'une autre silhouette apparut dans le jardin, et je compris que c'était peut-être plutôt cela qui avait fait fuir l'homme. Il s'agissait de la même silhouette de femme que celle que j'avais vue le matin. La mère de Coline. Que faisait-elle là en pleine nuit ? Du somnambulisme ? Une insomnie ? Ou bien n'avait-elle pas le sommeil tranquille ? Par précaution, j'éteignis à mon tour la lumière.

Les grattements recommencèrent. Grattements longs, grattements courts. Je tentai encore des suppositions, mais comme les mots qui étaient codés étaient bien plus longs que trois lettres, et comme je ne connaissais que le O et le S, j'étais bien incapable de déchiffrer le message. Qu'essayait de me dire cet homme ? Et qui était-il ?

Je finis par me rendormir avec toutes ces questions sans réponse.

Le lendemain matin, la porte s'ouvrit et le plateau de mon petit-déjeuner apparut. Je m'attendais à trouver à sa suite le fripon-majordome, comme d'habitude, mais ce fut... Coline !

Je bondis vers elle.

— Coline ! Il faut que tu m'aides à sortir d'ici !

La porte se referma et fut verrouillée de l'extérieur dès que je prononçai ces mots. Le fripon n'était pas loin... Coline posa le plateau sur le bureau avant de sauter dans mes bras.

— Éva ! Je suis vraiment désolée ! J'ignore pourquoi ma famille te séquestre comme ça. Ils ne veulent rien me dire. Ils m'ont autorisée à te voir parce que j'ai entamé une grève de la faim.

— Coline, je... C'est tellement gentil de ta part...

— Et toi, est-ce que tu sais pourquoi tu es là ?

— Je ne sais pas si j'en sais plus que toi. Est-ce que... Est-ce que ce livre te dit quelque chose ?

Je brandis devant elle l'*Histoire des pouvoirs familiaux de l'Antiquité à nos jours*.

— Oh ! s'exclama-t-elle en fronçant les sourcils. Ne me dis pas que toi aussi tu crois à cette histoire de pouvoirs familiaux ? Toute ma famille me tanne avec ça depuis que j'ai treize ans, alors que c'est clairement absurde !

— Tu n'y crois pas ?

— Mais comment on peut croire des bêtises pareilles ? Pourtant, ça les rend tous fous dans ma famille. Par exemple, depuis mon anniversaire, ils m'interdisent de sortir de ce manoir et de communiquer avec qui que ce soit. Et quand je crois réussir à échapper à leur vigilance en vous faisant entrer, Auguste, Tchouki et toi, ils te kidnappent ! Si ça se trouve, c'est pour me punir de leur avoir désobéi. J'en ai trop marre !

Ce fut à ce moment-là que je compris
que Coline et moi étions dans le même bateau…
exactement comme mon arrière-arrière-grand-mère
et l'une de ses amies sur cette photo qui était affichée
dans le petit salon, chez nous.

De toute évidence, Coline en savait beaucoup moins que moi.

Je la pris par les bras en la fixant dans les yeux.

— Il faut que tu m'aides à m'évader, Coline. Je suis sûre que tu peux trouver un moyen ! Il faudrait aussi que tu fasses savoir à mes parents que je vais bien.

Elle secoua la tête.

— Je t'ai dit que j'avais l'interdiction de quitter le manoir et de communiquer avec qui que ce soit.

— Tu ne pourrais pas désobéir ?

Elle parut effarée.

— Je n'ai jamais fait ça ! J'en serais incapable !

— Mais Coline, je...

Son air scandalisé me fit comprendre que cette piste était mauvaise. J'inspirai, expirai, et secouai la tête de droite à gauche.

— D'accord... J'espère juste que mon arrière-grand-père n'aura pas de crise cardiaque à cause de l'inquiétude que provoque ma disparition...

— Éva, je suis tellement désolée. Mais je suis impuissante. Et je suis sûre que tu seras bientôt libre. Pourquoi ma famille te garderait-elle prisonnière ? Ça n'a pas de sens !

— Et ça a du sens de te priver de toute liberté de mouvement et de communication ? Il faudrait que tu commences à te poser des questions, tu ne crois pas ?

— Ne t'énerve pas, s'il te plaît. On n'est sans doute pas assez grandes pour comprendre, voilà tout, mais ça va s'arranger bientôt, j'en suis sûre. Au fait, la police est venue ici, tu le sais ?

— Ah oui ?

— Oui. C'est ton père qui l'a prévenue. Tout le monde cherche à savoir où tu es passée, tu imagines bien. Mais ma mère sait admirablement jouer les innocentes. Elle a un visage d'ange, tu la verrais ! Son pouvoir de séduction est si puissant que la police n'a même pas songé à perquisitionner le manoir. De toute façon, des auto-stoppeurs disent t'avoir vue à des kilomètres d'ici. C'est drôle comme les gens croient voir ce qu'ils veulent voir, rien que pour qu'on leur prête un peu d'attention.

— En effet, c'est très drôle...

Aussi drôle que cette photo posée sur la table de nuit de mamie Rose, chez nous.

Morte. De. Rire.
(Photo de mamie Rose en pleine fête alors qu'elle avait vingt ans)

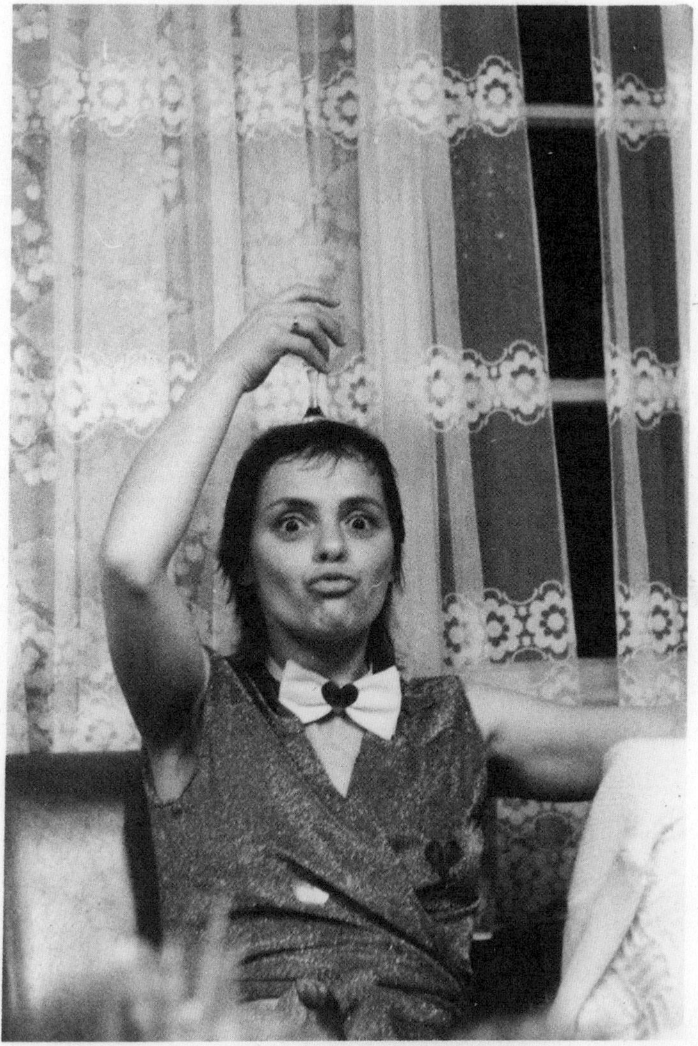

— Éva, pardon, je sais que ce n'est pas drôle mais...

J'avais tout essayé pour tenter de convaincre Coline de m'aider. Il me restait une dernière cartouche, je le savais. Cela me fit un petit peu mal, encore une fois, au côté gauche de mon sternum, mais je me lançai :

— Est-ce que tu as vu Auguste depuis que je suis ici ? demandai-je.

— Non. Il doit être tellement inquiet ! Tu l'aurais vu, quand tu tardais à revenir après être allée aux toilettes... Il se rongeait les sangs. Pauvre Auguste...

— Tu devrais chercher à le revoir. Vous étiez en train de devenir amis, non ?

Elle rougit. J'avais visé juste.

— Ce n'est pas juste que tu ne puisses pas le revoir. Tu ne crois pas ?

— C'est vrai que je l'appréciais beaucoup...

— Et puis... Si tu l'évites et que tu ne l'invites plus, tu vas finir par lui mettre la puce à l'oreille, dis-je d'un air détaché. Il va se dire que tu as quelque chose à cacher, tu comprends ?

— Tu as raison !

— Bien sûr que j'ai raison !

— Il faut que je voie Auguste pour dissiper toute suspicion.

— Excellente idée, Coline !

— Mais comment faire, avec ma famille qui me surveille ?

La porte s'ouvrit brusquement et Coline haussa une épaule d'un air gêné pour me faire comprendre qu'elle devait y aller. Alors qu'elle se dirigeait vers la sortie, elle me lança, avec un clin d'œil :

— D'un autre côté, ils s'absentent au sous-sol tous les jours à la même heure, pour des réunions ou des expériences ou je ne sais pas quoi, alors...

Je levai le pouce avec un sourire entendu.

— Et surtout, dis à Auguste de venir avec Tchouki.

— Pourquoi ça ?

— Ce serait bien trop louche s'il venait sans lui ! Il ne s'en sépare jamais.

— Oh, bien sûr, tu as raison. Il faut donner toutes les apparences de la normalité.

— Voilà !

Et la porte l'avala.

Les grattements recommencèrent alors que je buvais mon chocolat chaud. Mais je fus tout aussi impuissante que la veille pour les déchiffrer...

La journée s'étira, ennuyeuse mais pleine d'espoir. Si Coline réussissait à joindre Auguste ce jour-là et à le convaincre de venir le lendemain, il y aurait quelque chose à tenter.

Le soir arriva avec Albertine Avalanche.

17

— Dans le quartier où nous vivions, raconta ce soir-là Albertine sans me laisser le temps de protester ou de poser des questions, il y avait des sœurs jumelles, Sarah et Jane, qui avaient mon âge. Toutes deux s'habillaient pareil, se coiffaient pareil et cheminaient toujours côte à côte, au même rythme. Il n'était pas rare que l'une finisse la phrase de l'autre, et lorsque l'une avait une mélodie dans la tête, elle se balançait en rythme quand l'autre la fredonnait.

Comme j'aimais me promener avec un corbeau sur l'épaule, je faisais comme elles partie des freaks, comme nous appelaient les autres lycéens. Ce n'était pas un compliment, car cela signifie « monstres ».

Sarah et Jane à l'âge de huit ans.

Robert était un autre de ces freaks, avec son accoutrement bizarre, mais cela lui passait totalement au-dessus de la tête. Et puis il avait quatre ans de moins que nous, ce qui le rendait invisible à nos yeux… Enfin presque, car j'admirais son indifférence lorsque je l'apercevais au collège, qui était accolé au lycée. Il traversait les couloirs avec un sourire aux lèvres comme s'il était le roi, se moquant d'être ignoré de tous. Pour Sarah, Jane et moi, c'était différent, et il nous parut plus facile de nous rapprocher que de rester seules. Elles avaient un humour noir et une ironie froide qui me réjouissaient tant que nous devînmes rapidement très amies.

En grandissant, leur étrangeté s'accrut considérablement. Aujourd'hui, on dirait qu'elles avaient un style gothique, mais à l'époque il n'y avait pas de mot pour ça. On les traitait juste de filles sinistres et inquiétantes, ayant la main lourde sur le maquillage. Elles adoraient mon corbeau, qui se mariait parfaitement avec leur style, mais celui-ci refusait catégoriquement de se poser sur une autre épaule que la mienne.

Une fois le lycée terminé, elles se consacrèrent toutes deux à des études de lettres et, comme je ne savais pas quoi faire, je les suivis dans ce choix. Sur leur temps de loisir, elles ne lisaient que des écrivaines qui n'étaient pas au programme, comme Mary Shelley ou les sœurs Brontë. Si l'une avait fini un livre, l'autre le commençait aussitôt, de sorte qu'elles avaient une parfaite culture commune. Leur gémellité allait bien plus loin que leur simple apparence. Un jour, elles me dirent en chœur :

— Et si tu venais avec nous à New Delhi, en Inde ?

— En Inde ? Mais pour quoi faire ?

— C'est là qu'aura lieu le prochain Rassemblement International des frères jumeaux et sœurs jumelles, m'expliqua Jane.

— Chaque année, il se tient dans une capitale différente, poursuivit Sarah.

— L'événement a été suspendu depuis le début de la guerre jusqu'à maintenant, mais en 1938, c'était à Londres.

— Et avant, à Berlin.

— Encore avant, à Marrakech.

— Il y a eu Kaboul, Yaoundé, Pékin...

— Sofia, Ouagadougou, Santiago, Copenhague...

— Et en janvier prochain, ils remettent enfin ça, et ce sera à New Delhi. On était trop jeunes pour aller aux réunions précédentes mais celle-ci, on ne veut pas la rater ! Ce sera une première, pour nous.

— On compte y rester un ou deux mois pour visiter. On a déjà prévu l'hébergement, ainsi que le programme.

— On va rater plusieurs semaines d'université, mais ce n'est pas grave, nous nous rattraperons plus tard. C'est une si belle occasion !

— Tu veux en profiter ?

— Si je... ? Mais oui ! Ce serait formidable !

Les affaires de mes parents se portaient toujours aussi bien, et ils trouvaient que rien ne formait mieux la jeunesse que les voyages, aussi m'encouragèrent-ils chaudement. Et puis j'avais déjà dix-neuf ans ! Je me retrouvai donc de nouveau sur un bateau, en partance pour l'Asie.

Ce n'était pourtant pas le meilleur moment pour se rendre en Inde. En août 1947 était née l'Inde indépendante, jusque-là sous tutelle britannique. Mais cette autonomie s'accompagna d'une division du sous-continent indien, entre majorité hindoue et majorité musulmane. Le Pakistan nouvellement créé devint un État musulman. Et cette Partition ne se fit pas sans heurts, ni violences, ni exodes déchirants, hélas...

Le mahatma Gandhi, célèbre guide spirituel adepte de la non-violence, s'était engagé pour l'indépendance, mais contre cette division absurde de l'Inde entre hindous et musulmans. Il ne cessait de multiplier les appels à l'apaisement. Hélas, les tensions demeuraient. Jane et Sarah, toujours prêtes à vivre des expériences extraordinaires, rêvaient de rencontrer ce grand homme.

Après un long voyage, nous accostâmes dans une ambiance électrique et foisonnante. L'air de janvier n'était pas moite comme je m'y étais attendue, mais je fus assaillie par des odeurs et des sons inconnus. Je trouvais cela tout à fait excitant, mais Jane et Sarah étaient terrifiées par l'empressement des Indiens à leur égard. Ils nous dévisageaient avec insistance et curiosité, comme si nous étions tombées du ciel. En réalité, ils n'avaient pas tant d'occasions de voir des jeunes femmes blanches de peau, et j'essayais de me mettre à leur place en souriant. Nous grimpâmes dans un rickshaw, après avoir fait hisser nos malles et la cage abritant mon corbeau dans un autre. Nous nous rendîmes ainsi à notre hôtel, émerveillées par les couleurs chatoyantes des saris, des boutiques, des tissus, qui explosaient comme des feux d'artifice à chaque coin de rue, toutes bondées de gens affairés.

Nous étions logées à Chandni Chowk, l'une des principales artères de New Delhi. Après une bonne nuit de récupération, un petit-déjeuner à base de riz, de curcuma, de piment rouge et de chutney de noix de coco, nous nous jetâmes sans attendre dans la foule bigarrée pour prendre le pouls de ce pays si étonnant...

sans mon corbeau, qui nous aurait rendues encore moins inaperçues que nous ne l'étions.

Dès les premiers jours, nous découvrîmes un palais royal spectaculaire, tout en grès rouge ; nous nous promenâmes dans le marché de Dilli Haat où foisonnaient les broderies et peintures traditionnelles embaumées d'encens ; nous savourâmes le soleil couchant près de la Porte de l'Inde ; nous contemplâmes la mosquée Jama Masjid ; nous participâmes aux prières et chants du temple sikh Bangla Sahib ; nous bûmes l'eau de source aux multiples vertus ; nous visitâmes les magnifiques jardins de Lodhi...

Au-delà de ces merveilles tout à fait fabuleuses, je ne pouvais cependant pas m'empêcher de voir la misère, choquante et sans fard. Des enfants tout juste sortis du berceau qui mendiaient, ces gens à demi nus qui se jetaient sur nous pour nous demander de l'argent, ces autres qui tuaient les rats d'un violent coup sur la tête pour les manger... Les Intouchables, surtout, me bouleversaient. Aucune lueur d'espoir d'une vie meilleure pour cette catégorie honnie de la population.

Je finis par trouver ce pays très éprouvant.

Le jour du Rassemblement des jumeaux et jumelles fut une véritable bouffée d'oxygène. Il avait lieu dans le grand jardin d'un palais privé, qui appartenait à...

des jumeaux, bien entendu. Le jardin était divisé en quatre parties distinctes, à la mode indo-persane. Le chant des oiseaux se mêlait au murmure des fontaines. Les arbres fruitiers longeaient les parterres de fleurs. Des perruches vertes passaient des flamboyants aux frangipaniers. Des écureuils rayés dévalaient des pentes d'herbe tendre. Et dans les allées, des jumeaux et jumelles de tous âges se promenaient main dans la main, s'arrêtant avec gourmandise devant des serveurs enturbannés portant des délices sucrés et salés sur un plateau. Un photographe était là exprès pour prendre chaque couple en photo, un par un.

Jane et Sarah étaient tout feu tout flamme. Elles se sentaient tellement à part d'habitude que cette réunion était un baume. Moi, je me sentais plutôt comme une intruse, mais on me souriait ou me parlait autant que si j'étais deux. Tout le monde était adorable, en vérité, et avait grande envie de raconter des anecdotes de jumeaux, drôles ou incroyables. Évidemment, la plupart d'entre eux s'étaient amusés au moins une fois à échanger leurs rôles. Ils l'avaient déjà fait pour démêler une situation amoureuse ou professionnelle, ou encore pour tromper l'ennemi pendant la guerre.

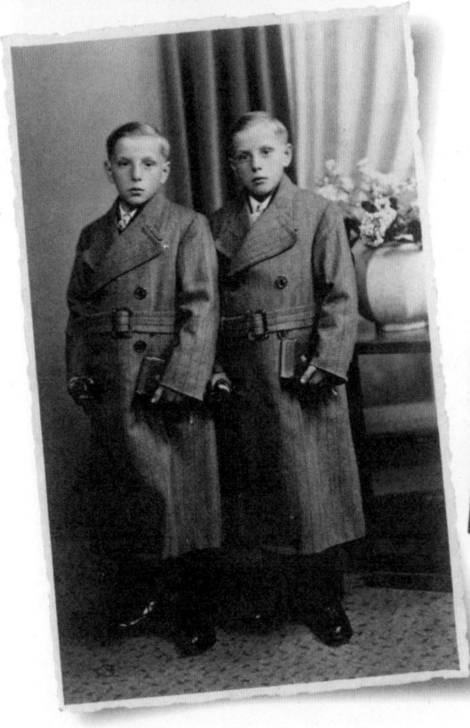

Leur gémellité avait souvent permis le développement d'un sens certain de l'usurpation, de l'inventivité et de la fantaisie. Je discutai avec des frères jumeaux venus d'Hollywood, qui avaient joué le rôle de catcheurs dans le film *Le Cirque* de Charlie Chaplin, en 1928.

– Malheureusement, il a coupé la scène au montage, déplora l'un d'eux.

– Mais nous sommes restés amis avec Charlie ! ajouta l'autre avec fierté.

– J'adore ses films, m'écriai-je. J'aimerais tellement qu'il en tourne un en Europe ! Est-ce que ce ne serait pas drôle qu'il tourne devant Big Ben à Londres, par exemple ? La vraie, pas un décor. Ce serait si savoureux.

– On le lui dira, comptez sur nous !

Depuis, je me demande sincèrement si ce n'est pas par ma faute que Charlie Chaplin s'est rendu à Londres quatre ans plus tard. En pleine chasse aux sorcières anticommuniste, son visa n'a pas été reconduit et il n'est jamais retourné vivre aux États-Unis. Il a fini ses jours en Suisse, loin de ce pays où il avait construit sa vie et sa notoriété. Si ça se trouve, c'était à cause de moi... Mais ce n'est pas la plus grande catastrophe que je provoquai lors de ce voyage.

L'un des couples de jumelles, vêtues de saris, à la peau mate et aux longs cheveux noirs et nattés, était en conversation passionnée avec Jane et Sarah. Jane me prit par le bras quand j'approchai.

— Naisha et Nidhi connaissent le mahatma Gandhi ! Elles disent qu'elles peuvent nous arranger une brève entrevue avec lui ! N'est-ce pas formidable ?

— C'est juste incroyable ! m'exclamai-je.

Les deux jeunes filles étaient amies avec Sushila Nayar, la sœur du secrétaire particulier de Gandhi, mais aussi son médecin personnel. C'était l'une des proches du mahatma, et elle put en effet organiser un court rendez-vous avec Gandhi.

Ce fut une expérience incroyable dont je me souviendrais toute ma vie !

Quelques jours après le Rassemblement des jumeaux et jumelles, nous fûmes ainsi accueillies par Sushila Nayar à l'entrée de Birla House, à Albuquerque Road, où vivait le Père de la Nation. Elle nous mena dans un dédale de couloirs blancs lumineux avant de nous faire entrer dans un salon aux larges fenêtres.

— Quelques minutes seulement, nous souffla-t-elle avant de s'éclipser.

Le mahatma Gandhi était là, à moitié couché devant un verre de thé.

Il était très affaibli par une grève de la faim qu'il venait à peine de rompre, pour protester contre la division du pays. Son corps émacié et ses jambes rachitiques émergeaient d'un pagne et d'un foulard au blanc éclatant. Lunettes perchées au bout de son nez et sandales aux pieds, il me sembla qu'il me scrutait longuement, jusqu'au plus profond de mon âme. Je détournai les yeux, gênée. Jane et Sarah lui témoignèrent leur profonde admiration, surtout pour l'idée de désobéissance civile qu'elles jugeaient géniale.

— Un individu conscient et debout est plus dangereux pour le pouvoir que dix mille individus endormis et soumis, déclara-t-il doucement en hochant la tête.

— J'aimerais tellement avoir une force de caractère aussi grande que la vôtre ! s'exclama Jane.

— Sois le changement que tu veux voir dans le monde, lui répondit-il.

Chacune de ses phrases était empreinte d'une sagesse qui m'inspira un profond respect. Puis, au détour d'une nouvelle question, il nous fit un aveu imprévu :

— Ne vous dépréciez pas trop, jeunes filles. Il m'arrive à moi aussi d'être découragé. Il y a deux jours, je me suis rendu dans une mosquée pour tenter de rassurer les musulmans qui souffrent d'exactions dans notre pays, mais maintenant, je n'ai plus la force de rien. Je n'ai même plus la force de me déplacer pour aller prier. J'aimerais au moins montrer l'exemple à mes deux petites-filles, mais je suis trop faible.

La lueur dans les yeux de ce grand homme chétif était si vive que je n'admettais pas que toute force l'ait quitté.

— Je suis sûre que vous le pouvez, m'écriai-je. Je suis certaine que vous avez encore l'énergie pour aller prier. Votre pays a besoin de vous et de vos prières. Tout comme vos petites-filles !

Il me scruta longuement à nouveau, avec un petit sourire. Il but une gorgée de thé, cligna doucement des yeux puis me regarda encore.

— Vous êtes une drôle de personne. Je sens en vous du bon et du mauvais. Avec une telle crainte du mauvais... La force d'un destin. Il n'empêche, qui que vous soyez... vous avez peut-être raison. Ou peut-être pas. Seule la brise soulevée par Dieu saurait me conseiller. Cela vous rassure-t-il, jeune fille ?

Je fus infiniment troublée par ces mots. Ils résonnent encore en moi aujourd'hui... J'aurais aimé poursuivre la conversation, mais Sushila était déjà là pour nous signifier qu'il était temps de partir. Je le remerciai chaleureusement, et nous le quittâmes le cœur plein de l'assurance d'avoir fait une rencontre exceptionnelle. Nous passâmes la soirée avec Naisha et Nidhi qui nous racontèrent tout ce qu'elles savaient sur ce grand homme, ce qui accentua notre admiration pour lui. Le lendemain, je me levai le cœur léger, heureuse et fière d'avoir incité le mahatma Gandhi à reprendre une vie normale.

Mais, alors que j'observais la rue de la fenêtre de mon hôtel, des cris perçants s'élevèrent. Des lamentations. Des plaintes remplies de désespoir. La ville entière sembla basculer en une seconde dans une tristesse chaotique. Paniquée, je courus à la réception pour comprendre ce qui se passait. Là aussi, c'était la tourmente. Des gens pleuraient et criaient, d'autres couraient en tous sens. Un jeune groom finit enfin par m'expliquer :

— C'est affreux, madame. Le mahatma vient d'être assassiné sur le chemin de son lieu de prière habituel. Un fanatique hindou, madame. Des coups de fusil à bout portant. La nation est en deuil, madame.

Puis il éclata en sanglots. Effondrée, j'allai trouver Jane et Sarah. En pleurs à mon tour, je leur annonçai que je repartais le lendemain, ne pouvant rester plus longtemps.

Car, j'en étais sûre, c'était bien à cause de moi que le mahatma Gandhi avait été assassiné.

18

Le lendemain, en milieu de matinée, il arriva ce que j'espérais et redoutais tout à la fois.

Le nez collé à la fenêtre depuis deux heures, je finis enfin par voir Tchouki dans le jardin de derrière, en train de renifler chaque brin d'herbe.

J'espérais qu'Auguste viendrait, bien sûr, mais je le redoutais aussi. Cela signifiait qu'il avait autant envie de revoir Coline qu'elle. Ce que je ressentis alors en apercevant Tchouki ressemblait assez aux montagnes russes que la petite bille rouge avait empruntées, l'avant-veille, avant que... enfin bref, mieux valait ne plus y penser.

Je savais que le loyal et fidèle Tchouki, une fois dans l'enceinte du manoir, reniflerait mon odeur et ferait tout pour me retrouver en fouillant coins et recoins. J'avais eu le temps d'élaborer un plan. Et j'avais préalablement dévissé l'une des boules qui surplombaient les montants de mon lit, puis je l'avais entourée d'un pan de mon tee-shirt que j'avais déchiré. Avec un nœud solide, c'était parfait.

Je reculai, boule dans la main, et la jetai le plus fort possible contre la vitre de la fenêtre. Le fracas fut épouvantable, mais j'avais réussi. Je me précipitai près de la vitre explosée. Tchouki reniflait l'étoffe en secouant la queue furieusement (« Nom d'une tranche de saucisson, ne serait-ce point là la délicieuse fragrance propre à la jeune Éva Papillon ? »).

Il leva le museau, me vit et aboya de bonheur.

— Chhhut, lui intimai-je.

Tchouki s'assit sur ses pattes arrière et m'écouta attentivement en haletant, toute langue sortie. Comme sur cette photo que prit un jour Fanfan de lui, dans le jardin.

« J'ai compris, Éva, j'arrête d'aboyer.
Mais promets-moi qu'en remerciement de cet effort suranimal,
tu me récompenseras avec ces excellentes croquettes, là,
celles avec du saumon dedans ! » (Tchouki)

Je devais crier-chuchoter pour qu'il m'entende sans alerter le reste de la maison.

— Écoute-moi bien, Tchouki, tu vas prendre le bout de tissu dans ta gueule et tu vas l'apporter à Fanfan. Ou à mon père, ou à Rose, ou à Robert. Tu comprends ? Et ensuite, tu les conduis jusqu'ici.

Il haletait de plus belle, avec son grand sourire de chien. C'était encourageant.

— Allez, vas-y, fais ce que je te dis !

Il fallut attendre un peu, le temps que toutes les informations se fraient un chemin dans son cerveau d'animal, mais il était très intelligent pour un chien. Alors il s'attaqua à la boule pour en détacher le tissu.

— Bravo, Tchouki !

Je me voyais déjà sauvée. Mais la boule se mit à rouler vers un nain de jardin, qui bascula sous le choc, écrasant les dents d'un râteau dont le manche se releva pile dans la trajectoire d'un corbeau qui volait par là. Le corbeau à moitié assommé poussa un croassement affreux et tomba pile sur le déclencheur de l'arrosage automatique, provoquant des jets d'eau qui tournoyèrent dans le jardin, arrosant Tchouki qui détestait l'eau. Il perdit tout contrôle, ouvrant la gueule, lâchant le tissu et aboyant furieusement en courant dans tous les sens. Le fripon ne tarda pas à sortir dans le jardin, alerté par tout ce raffut. Il désigna Tchouki en hurlant :

— Un intrus dans le manoir !

Tchouki cessa d'aboyer, grogna et se ramassa sur lui-même dans le but évident de se jeter sur le fripon qui prit ses jambes à son cou. Chasseur et chassé disparurent de l'autre côté du jardin. Mais en attendant, tout le manoir avait été alerté, et la vieille Albertine apparut en claudiquant, se servant d'une carabine comme d'une canne, pour aviser la boule que j'avais envoyée de toutes mes forces. Puis elle ramassa le tissu à terre. Elle leva les yeux, vit la vitre brisée, puis me vit moi derrière le trou dans la vitre. On entendait encore les aboiements de Tchouki. Les sourcils de la vieille dame se froncèrent, son regard s'assombrit et son doigt me visa. Au moins, ce n'était pas la carabine qu'elle dirigeait vers moi (il faut toujours voir le bon côté des choses).

— Je vois clair dans ton jeu, Éva Papillon ! Un peu plus et toute ta famille rappliquait ici. Avec la police, certainement. Et tout notre plan serait tombé à l'eau. Tu vas regretter ça, jeune fille !

Je lus dans ses yeux qu'en tout cas, je n'allais pas pouvoir m'en féliciter.

La suite de cette aventure est si cruelle que j'hésite à fouiller mes souvenirs pour la raconter. Il le faut pourtant, pour garder la trace de tous les faits et gestes de la famille Papillon, qui n'apparaissent dans aucun manuel d'histoire ni dans aucun récit d'aventures, ce qui est d'une injustice folle, quand on y pense...

Mon statut de prisonnière privilégiée dégringola aussitôt. Si bas que je me retrouvai dans le plus profond des souterrains, de nouveau menottée. Le circuit y avait disparu, mais une autre installation tout aussi tordue l'avait remplacé. Et encore plus cruelle.

— Auguste ! criai-je.

Il avait été capturé. Il était ligoté contre un poteau. Tchouki aussi était attaché, mais contre une poutre de gymnastique — il avait sans doute été compliqué d'essayer de l'attacher à un poteau. La pauvre bête gémissait doucement (« Cette position, en plus d'être très inconfortable, me paraît tout à fait indigne d'un animal tel que moi »). Deux autres individus étaient aussi ligotés. Je reconnus immédiatement monsieur Tortillard et...

— Madame Feuillette !

À quelques mètres d'eux, une arbalète était suspendue à une corde fixée au plafond. L'arc était bandé et le cran de déclenchement ne demandait qu'à être actionné. La pointe de la flèche visait parfois Tchouki, parfois Auguste, parfois monsieur Tortillard, parfois madame Feuillette, parfois aucun des quatre, au gré des plus infimes courants d'air. Albertine m'avait pourtant assuré que les Avalanche ne faisaient rien pour provoquer de mauvaises choses intentionnellement !

Le fripon se balançait d'une jambe sur l'autre, faisant tinter les clés qu'il portait à la main autour d'un anneau. Il laissait échapper un petit rire quand il était sur la jambe gauche, et un sanglot sur la jambe droite.

— J'ignore complètement si tout cela est amusant ou pas du tout, marmonna-t-il.

« Ça ne l'est pas ! » eus-je envie de lui crier, mais je n'en eus pas le temps.

— Bonjour, Éva, fit une voix de femme issue d'un haut-parleur fixé dans un angle de la pièce.

Ce n'était pas la voix d'Albertine. Cela ne pouvait être que la mère de Coline. Pourquoi ne se montrait-elle pas ?

— Nous allons devoir encore déménager, hélas beaucoup plus tôt que nous ne l'avions prévu. L'étau se resserre et la police va finir par nous cueillir alors que nous n'avons rien fait du tout, comme d'habitude. C'est irritant.

Qu'est-ce qu'ils avaient tous avec leurs histoires de déménagement ?

— Ce dernier test va déterminer si tu vas venir avec nous, Éva.

— Quoi ? Mais non. Test ou pas, je veux retourner chez moi !

— Ton chez-toi, si tu réussis ce test, ce sera parmi nous. J'ai confiance, je suis certaine que tu vas magnifiquement continuer notre œuvre.

L'œuvre des Avalanche ? Elle était tombée sur la tête !

— En revanche, Auguste ne peut pas venir avec nous, et il ne peut pas non plus raconter tout ce qu'il sait sur nous. J'aurais dû agir plus tôt le concernant, mais Coline m'a tellement suppliée ! Ah, j'ai du mal à refuser quoi que ce soit à cette enfant. Il en est de même pour monsieur Tortillard. Je l'ai surpris en train d'essayer d'ouvrir la porte du cachot où tu étais enfermée, Éva. Ttt, ttt, ttt...

J'apprendrais plus tard qu'il pensait en réalité que c'était madame Feuillette qui était enfermée là. Après l'enlèvement de la professeure-documentaliste, il avait enquêté et était remonté jusqu'à eux. Il avait suivi une autre piste que la mienne. Ce ne fut pas le tissu aux oiseaux qui lui mit la puce à l'oreille, mais les oiseaux eux-mêmes. Il était assez rare de voir des corbeaux dressés pour voler des livres. Il avait cherché tous les dresseurs d'oiseaux de la région. Or il n'y en avait qu'un : notre fripon. Lorsqu'il avait su qu'il travaillait au manoir, il était allé y fureter.

Il ne savait pas encore que moi aussi, j'étais entre leurs mains !

Capturé, ce pauvre monsieur Tortillard avait été enfermé au grenier, où on lui avait fait subir la pire des tortures : un écran lui montrait en boucle tous les déraillements de train qu'il n'avait pas pu empêcher pendant sa captivité.

— Quant à madame Feuillette... reprit la voix.

Je constatai à peine qu'elle était la seule à être bâillonnée. Elle paraissait très triste et très fatiguée.

— ... Elle en sait encore plus que les deux autres. C'est-à-dire beaucoup, beaucoup trop.

— Que lui avez-vous fait ? Où était-elle, pendant tout ce temps ?

— Rassure-toi, elle ne manquait de rien. Nous avons une pièce, non loin dans ces sous-sols, qui comporte un four. Nous l'avons juste attachée sur une chaise, devant une immense pile de livres et un four allumé. Notre fripon nous a concocté une machine fantastique : un bras mécanique qui saisit un livre et le lance dans les flammes toutes les secondes. Eh oui, parfois, on a beau posséder un pouvoir bénéfique, on ne peut lutter contre le pouvoir des Avalanche ! Oh, je remercie au passage ton arrière-grand-père, grâce à qui fut inventé le transistor. Sans lui, jamais nous n'aurions pu élaborer ces si subtiles tortures !

— Relâchez-les ! criai-je. Ils ne diront rien à personne, j'en suis sûre. Ne leur faites pas de mal !

— Leur faire du mal ? Nous ne sommes pas des criminels ! Nous n'avons jamais touché le moindre cheveu de nos vic... heu, de nos ennem... heu, d'aucun autre être humain. Nos mains sont blanches et pures. Nous laissons juste faire le destin. Monsieur le majordome, vous lui expliquez la règle du jeu ?

Le fripon était de plus en plus nerveux. Il mit un moment à rassembler ses esprits et sortit une balle de golf de sa poche.

— Eh bien... Il s'agit de faire un swing.

— Un swing ?

Comme la danse de jazz qu'aimait grand-papy Robert dans sa jeunesse ? Pourquoi me demanderaient-ils de danser ?

Albertine fit un pas et apparut, avec un corbeau posé sur son épaule. Elle était jusque-là plongée dans la pénombre, dans un coin de la pièce, si bien que je ne l'avais pas vue. Elle portait un sac contenant trois clubs de golf. Elle s'avança jusqu'à moi mais s'adressa au haut-parleur.

— Tu es sûre de toi, Sonia ? Cette installation me paraît contraire à nos principes. On ne doit rien mettre en œuvre pour provoquer...

Sonia ? Comme le prénom de ma maman ?

— Ma chère mamie, je sais que c'est cruel, et c'est loin de me faire plaisir, mais... nous n'avons pas le choix. Ce test est le test ultime. C'est le seul moyen de déterminer la vraie nature du pouvoir d'Éva. Si elle le rate, au moins nous serons fixées. Mais si elle réussit... Allons, annonce-lui plutôt la règle du jeu.

Albertine se mordit les lèvres puis se résolut à m'expliquer :

— Un swing, ma belle, c'est le mouvement qu'il faut faire pour taper dans une balle de golf.

— La vraie nature de mon pouvoir ? demandai-je. Qu'est-ce que...

— Ce n'est pas le moment de discuter, trancha Sonia. Finissons-en rapidement.

Carabine appuyée contre sa hanche, Albertine m'ôta les menottes et me demanda de choisir un club, pendant que le fripon positionnait la balle sur une cheville de plastique posée au sol.

— C'est tout ? demandai-je. Je dois juste taper dans cette balle ? Dans n'importe quelle direction ?

— Oui, mais le plus fort possible, précisa Albertine.

Le fripon semblait avoir complètement buggé. Son regard ne cessait de passer de l'arbalète à Auguste, et d'Auguste à l'arbalète. Il cherchait encore la bonne blague derrière ce drôle de jeu.

La situation était si critique qu'il valait mieux que je fasse ce qu'ils disaient. Je haussai les épaules et me positionnai pour taper dans la balle, comme j'avais vu faire à la télé. Le club passé au-dessus de ma tête, un déhanché prononcé, et paf ! la balle fut propulsée contre le mur et commença une série de ricochets totalement imprévisibles dans la pièce, « bim bam boum bim », durant de longues secondes. « Boum bim bam boum. » Le dernier ricochet, ce fut contre le plafond, et la balle entama sa chute pile au-dessus de l'arbalète.

« Non, elle ne va pas tomber sur le cran de déclenchement, c'est impossible », me dis-je.

Mais elle passa juste à côté. À un millimètre près... Ouf ! Elle rebondit sur le sol pour atterrir contre la main du fripon, qui lâcha le trousseau de clés sous le choc. Aussitôt, le corbeau d'Albertine fondit sur les clés au brillant si tentant. Il prit l'anneau dans son bec et fit deux tours au-dessus de nous, avant de s'engouffrer dans le dédale de couloirs menant aux escaliers. Pendant ce temps, madame Feuillette avait réussi l'exploit de défaire le nœud de la corde qui la retenait prisonnière. Elle avait tant lu dans son existence qu'elle savait qu'il fallait prendre une forte inspiration au moment d'être ligotée. Quand on relâche l'air, après, la corde est moins serrée que ne le voulait son agresseur. Cela permet de passer une main voire deux entre deux tours de corde, pour la dénouer.

Mais au moment où je m'aperçus que madame Feuillette était libre, Albertine se servit de la crosse de sa carabine comme d'un club pour taper dans la balle de golf qui gisait sur le sol. C'était reparti pour les ricochets en tous sens ! « Bim bam boum, boum bim bam », et cette fois la balle fonça sur moi si vite que je ne pus l'éviter. Au lieu de subir le choc, j'eus le réflexe de plier les jambes et de faire une tête, comme au football. La balle repartit de plus belle, et paf ! contre le plafond, et pfiut ! la chute au-dessus de l'arbalète.

Mais cette fois, la balle tomba bel et bien sur le cran de déclenchement. Et, même si je n'arrivais pas à le croire, cela arriva pile au moment où la flèche pointait Auguste...

— NOOOOON ! hurlai-je.

Je plaquai mes mains contre mes yeux pour ne pas voir ça. Entre mes doigts, je vis pourtant de façon floue quelque chose bondir à une vitesse fulgurante vers la trajectoire de la flèche... si bien qu'elle se ficha dedans. Ce quelque chose tomba au sol avec un bruit mat, et ce fut au tour de monsieur Tortillard de hurler de toutes ses forces.

Je me précipitai vers ce qui venait de tomber. Le quelque chose en question, c'était quelqu'un. Et ce quelqu'un était une quelqu'une. Et cette quelqu'une, c'était... madame Feuillette.

Madame Feuillette avait la flèche plantée en plein cœur.

Je la pris dans mes bras, bouleversée. Elle me regarda et me dit dans un souffle :

— Ne t'inquiète pas, Éva, tu n'es pas celle que les Avalanche essaient de te faire croire que tu es, tu... tu...

Elle ne finit jamais sa phrase.

— Ne bouge pas, Albertine ! Toi non plus, le fripon. Pas un geste !

Grand-papy Robert ! Que faisait-il là ? Il avait le trousseau de clés dans la main, et je me rendis compte que le corbeau qui l'avait volé avait dû se faufiler au dehors par une meurtrière. Plus tard, j'apprendrais qu'Auguste avait pris ses précautions avant de venir voir Coline. Il avait compris, finalement, à quel point les Avalanche étaient dangereux. Aussi avait-il réglé son téléphone pour qu'un message soit envoyé automatiquement à mon père deux heures après son départ. S'il ne lui était rien arrivé, il aurait annulé l'envoi. Le message que mon père entendit dans le combiné de son vieux téléphone orange, ce fut : « C'est moi, Auguste. Je suis en danger. Chez les Avalanche. »

Mon père, mamie Rose et Fanfan arrivèrent en courant derrière grand-papy Robert. Ils blêmirent tous d'un seul coup en découvrant la situation. Grand-papy Robert brandissait un pistolet vers Albertine. Je ne l'avais jamais vu avec une arme ! Mais Albertine braquait aussi sa carabine sur lui.

Ils se faisaient face, chacun avançant d'un pas tour à tour. Ils étaient aussi pâles l'un que l'autre. Le fripon paraissait pétrifié.

– Robert ! Ça faisait un bail, dis donc.

– Ma chère Albertine, si tu savais...

– Quoi donc ? Qu'est-ce que je ne sais pas et que je devrais savoir ?

– Tu ne devines donc pas ?

– Mais non, enfin, qu'est-ce que...

– Je t'ai tellement aimée, dans ma jeunesse, Albertine. Tellement aimée.

Albertine se figea, et je vis la carabine trembler.

– J'avais de l'espoir pour toi. Je croyais que tu étais différente de tous les autres Avalanche. Et ça, maintenant... Quelle déception...

La voix retentit dans le haut-parleur.

– Il faut fuir ! La police arrive ! Ces traîtres de Papillon ont appelé la police ! Va-t'en, mamie, cours !

Albertine resta un instant immobile, les yeux dans ceux de Robert. Puis elle recula doucement, puis plus vite, avant de faire volte-face et de disparaître dans l'obscurité d'un couloir.

Un énorme sanglot éclata alors dans la pièce. C'était le fripon, qui venait certainement de comprendre à quel point tout ceci n'était pas drôle. Enfin, c'est ce que je croyais, parce qu'il se mit à gémir :

— Ça y est, je suis au chômage. Mes employeurs viennent de se volatiliser à l'instant. Comment vais-je réussir à nourrir mes oiseaux, maintenant, hein ? Quel drame ! Mais quel dra...

— Tais-toi, égoïste ! cria mon père. Tu ferais bien de songer à la défense que tu vas adopter auprès de la police, sale fripon.

Maintenant que la tension était un peu relâchée, ce fut à mon tour de pleurer à chaudes larmes en berçant le corps inanimé de madame Feuillette.

— Je vais détacher Tchouki et ce pauvre homme, déclara Fanfan.

Et Auguste ? Pourquoi ne parlait-elle pas d'Auguste ?

Il avait disparu !

Dans la panique, je ne m'étais aperçue de rien, mais... les Avalanche avaient pris Auguste avec eux !

— La police est là, souffla mamie Rose en entendant les sirènes. Qu'allons-nous faire ?

— Lui dire la vérité, répliqua mon père. Ces criminels méritent d'être pourchassés.

— Mais… mais, bredouillai-je, c'est moi qui… qui ai déclenché l'arbalète… en faisant une tête avec la balle.

Mon père me regarda avec stupeur… À moins que ce ne fût de la frayeur ?

— Partez, dit monsieur Tortillard en réprimant un sanglot. Par là. Ce couloir mène aux égouts de la ville. J'ai eu le temps d'étudier les lieux avant que les Avalanche ne m'attrapent. Vous pourrez sortir par n'importe quelle bouche d'égout.

Il m'avait remplacée et c'était lui maintenant qui portait madame Feuillette dans ses bras.

— Partez vite. Cette pauvre petite Éva a été victime d'une machination abominable. Mieux vaut que vous filiez loin d'ici. Je m'occupe de tout. La Société d'Entraide et de Protection des Familles à Pouvoir Bénéfique veille sur vous. Ne vous inquiétez de rien.

— Je ne vous remercierais jamais assez, Pascal, répondit mon père.

Ils se connaissaient donc ? Et qu'était-ce que cette Société de je ne savais déjà plus quoi ? Ce n'était pas le moment de poser des questions. Nous filâmes comme l'éclair.

Une heure plus tard, j'étais blottie sur le siège arrière de notre vieille voiture, entre grand-papy Robert et mamie Rose. Fanfan conduisait et papa consultait une carte routière, à l'avant. Derrière nous, une remorque contenait l'essentiel de nos affaires. Nous en avions tellement que le reste avait été envoyé par la poste, dans des dizaines et des dizaines de malles.

Je ne savais pas où on allait. Je ne savais pas où était Auguste, ni où était Coline. Je ne savais plus bien qui j'étais. Ni qui était vraiment ma famille. Comme seule consolation, j'avais Tchouki allongé à mes pieds. Il se redressa pour me lécher les mains : « Je ne crois pas qu'on puisse dire que "tout est bien qui finit bien", dans cette aventure, mais c'est seulement parce que l'histoire n'est pas finie. »

— « Cours, vole et marche, ô mon Éva, vers ton destin et vers le bien... », fredonnait mamie Rose en me berçant.

« Je sais que tu aimerais avoir une famille
un peu moins spéciale, Éva. Mais la famille Papillon
est la plus belle des familles, crois-moi. »
(Mamie Rose à l'âge de dix ans)

UN DERNIER MOT D'ÉVA PAPILLON

(sur tout ce qui est vrai dans cette histoire)

Ne partez pas encore, vous qui ne croyez toujours pas aux pouvoirs de ma famille, les Papillon, et à ceux de la famille Avalanche !

Je vous jure sur la tête de Tchouki que tous les événements relatés par leurs aïeux sont véridiques. J'ai même consulté un livre d'histoire, pour en être sûre.

J'y ai découvert que Hitler avait bien été refusé aux Beaux-Arts et qu'il avait bien compensé cette frustration en faisant de la politique. Et quelle politique, hum... J'y ai vu des clichés du quartier du Panier, à Marseille, dévasté par les bombardements, mais aussi des photographies terribles des camps d'extermination, à Auschwitz, Sobibor, Treblinka... J'y ai trouvé la confirmation que l'étoile jaune avait été imposée aux personnes juives pendant cette période terrible. J'ai lu que Göring adorait effectivement dîner chez Maxim's, mais aimait encore plus piller les chefs d'œuvre artistiques des territoires occupés par le régime nazi.

J'ai pu vérifier l'exactitude du récit sur l'invention du transistor. Et comme j'aime mener une enquête jusqu'au bout, j'ai lu la biographie de George Orwell, ainsi que tous ses romans : tout est entièrement vrai, oui, tout. L'histoire du chef d'œuvre inachevé d'Irène Nemirovsky ? Véridique ! Les zazous et leurs lubies ? Vrai. Et que dire des circonstances de l'assassinat du Mahatma Gandhi ? Vraies aussi ! Et saviez-vous que l'exil de Charlie Chaplin eut bien lieu, suite à la chasse aux sorcières communistes ? Tout à fait. Et l'histoire de ces jumeaux qui jouèrent dans son film puis furent coupés au montage : vrai aussi !

Je peux vous dire enfin qu'il existait bien un studio de photographie dans le quartier Montmartre à Paris, dont le photographe aimait se placer au pied des marches menant à la butte.

Quant à Monsieur Vanbild, l'écrivaine Lucie, les jumelles Jane et Sarah, et tous les autres, j'ai suffisamment de preuves photographiques pour attester de leur existence.

Après tant de preuves irréfutables, vous avez du mal à croire en ces pouvoirs familiaux puissants ? Pourquoi douter encore ? Vous aurez honte de votre scepticisme quand vous connaîtrez la totalité de leurs effets, je vous l'assure. Si vous saviez tout ce qu'il me reste à vous raconter !

Pendant la jeunesse de mamie Rose, par exemple...

LES FAITS & GESTES DE LA FAMILLE PAPILLON

TOME 2

Les prouesses de mamie Rose

FLORENCE HINCKEL

Le premier pas de l'homme sur la Lune,
le succès de la minijupe...
Et bien sûr, la suite des aventures d'Éva !

À paraître en novembre 2019.

L'AUTRICE

Cette photographie de l'autrice à 10 ans fut retrouvée dans un carton de ses archives scolaires, agrafée à son bulletin de 6e. À l'époque, elle rêvait déjà de papillons. Si bien qu'elle fit tout, plus tard, pour se rendre en Guyane pour voir en vrai les fameux morphos d'un magnifique bleu vif qu'elle avait découverts dans un livre. En revanche, elle détestait déjà le ski, qu'elle avait expérimenté en classe de neige deux ans auparavant, terrifiée à l'idée de provoquer une avalanche. On comprend pourquoi elle choisit de vivre dans des contrées ensoleillées, où il y a plus de chances de rencontrer des papillons que de hautes montagnes enneigées, ce qui lui offre la tranquillité d'esprit suffisante pour écrire ses histoires.